台灣原住民65

布農族四社
神話與傳說

濁水溪上游祕境傳說

田哲益（達西烏拉彎‧畢馬）
全妙雲（達給斯海方岸‧娃莉絲）
──────── 著

晨星出版

作者序一

濁水溪上游祕境傳說

　　濁水溪上游四社部落（達瑪巒、迪巴恩、馬拉飛、羅羅谷）的族人，日治時來自古代中央山脈深山之處的原居舊社（Mai-asang），皆各據一方，占據山頭，各有領域，各自生存。雖然如此，他們仍然有著縱的發展與橫的聯繫。

　　本書四社包括達瑪巒、迪巴恩、馬拉飛、羅羅谷四個部落，原本都是從原居舊社（Mai-asang）遷徙而來，他們在原居舊社過著半農耕半狩獵的生活。日治時為了方便控制管理與監視布農族人，就把原居中央山脈深山的布農族人，採取分批遷徙至今現址。

　　早期的布農族人，深居在高山部落，過著自給自足的農耕狩獵生活。閒暇時用歌聲表達情緒，部落耆老也會以口耳相傳的方式傳述古老的的神話傳說故事。布農族人在物質上雖沒有豐富的享受，但是在精神上卻領受了祖先留下來的文化洗禮。

　　布農族人由於客主觀條件的限制下，就如同其他原住民族一樣，無法產生文字系統，因此，布農族人的口述歷史方式，便是布農文化綿延傳遞的重要因素。

　　神話與傳說寄託著族群對於自然與社會的觀念與記憶，也是

傳承族群文化的重要媒介。從神話傳說中可以窺知布農族人社會組織與制度規範部落成員的思想與作為，是族群具體生命運作與延續的依據，藉神話傳說規範的習俗與儀式致使族人一致的行為趨向於禮敬神靈的過程，凝聚族群的向心力，並與超自然的力量獲得聯繫。

布農族人數千年長期的生活經驗，藉著神話傳說故事的傳承，使布農族原住民在台灣這塊土地上建立了最自然和諧的文化體系。

布農族神話傳說的範圍極為廣泛，包括大自然界及宇宙、天地、星辰、人文、水文、地理、歷史、動植物、災難、巫術、醫療等。我們可以從口傳中得知族群的最初原生地及生活範圍，擴及哲學與思想等，知道祭祀活動的始末及對生活的影響、動物與布農族的密切關係、布農族人化解災難的能力等，可知其在族人間的重要性。故為瞭解布農族群的最原始資料，布農族的神話傳說故事甚具參考與研究的價值，也提供豐富台灣文學的內涵，亦是教育下一代心靈饗宴優質的文學教材。

布農族是無文字的民族，其曆法卻相當嚴謹。布農族人依據

月亮的陰晴圓缺，配合農業季節與周圍環境的經驗，訂定了屬於自己的曆法，由祭司宣布每個月的祭儀，並指導從事農耕活動。

　　布農族世居於中央山脈，長年以農耕以及狩獵維生，因此塑造了布農族人樂天、英勇、豪邁的性格，也孕育了優美浪漫的歌謠及樸實有力的舞蹈。

　　本書神話與傳說故事，有些是田哲益之調查，有些是與全妙雲小姐及俄羅斯漢學家李福清（B.Riftin）教授共同採錄。

　　俄羅斯漢學家李福清（B.Riftin）教授是當年還在中國文化大學中國文學系博士班研究鄒族神話傳說故事的巴蘇亞‧博伊哲努博士介紹給我的，所以就有機會與李福清教授一起從事田野調查。李福清（B.Riftin）教授回到俄羅斯後，還曾回到台灣授課或參加漢學學術會議。他到暨南大學演講的時候，是我見到他的最後一次。其後數年，北京大學段寶林教授（中國民間文學權威學者）來台找我撰寫《中華民俗大典‧台灣卷》，他是李福清教授的老師，也指導李福清教授研究中國民間文學。李福清教授是國際知名的漢學家，他過世時段寶林教授也受邀到莫斯科參加喪禮，是用俄羅斯最高國家禮儀舉行，可見李福清教授在俄羅斯與世界的崇高地位。

　　大凡一個地方久經人類居住或是加以利用，人們為了方便指
稱該地方的位置或方位，便產生了「地名」，以便讓人知曉所指
稱者為何處。

　　由於人類與某地經過長時期的相處而延伸出感情，該地便產
生一些令人難忘或特殊的事件，於是造就了一些傳說與典故，如
此就使得該地方的命名更具意義與價值。

　　本書四社「達瑪巒、迪巴恩、馬拉飛、羅羅谷」部落地名，
包括：

　　一、主聚落地名：關於本部落主聚落命名的傳說與典故。

　　二、聚落農耕地地名：關於本部落山地保留農耕地的地名傳
說與典故。

　　坐落在部落行政範圍內的山地農耕保留地，族人為方便指稱
從事農耕的地點或地區，採取較大廣度的命名方式，因此農耕
地的地名所含括的地方比「人」所居住的主聚落更為廣泛，亦即
「泛稱」或「泛指」。

　　地名之使用是約定俗成的，有些地方或許產生過許多稱呼，
人們使用了一段時間之後，淬鍊出最普及的稱呼而定為一尊。亦
有些地名有數種稱呼，同時流傳而不墜。

　　在濁水溪上游布農族的四個部落調查數十年，發現都各具特色。達瑪巒部落是「布農族象形文字的故鄉」，而且持有布農「祭祀板曆」的後人，也住在此部落。迪巴恩部落是「布農族織布的故鄉」，布農織布最高的境界「十二杆織法」的後人尚住此部落。馬拉飛部落是「布農族巫術的故鄉」，信義鄉布農族末代巫師，就是此部落的人，他留下了布農族的神祕巫術，經數十年的採錄，才揭開了神祕的面紗。羅羅谷部落則是巒社群的大本營。

　　本書是將數十年在濁水溪上游四個部落之調查記錄彙整成書，可為一般讀者認識濁水溪上游布農四社的山林生活，而神話傳說故事是認識布農族居住在山林生活，最直接的入門課程。部落的文化、歷史、宗教、信仰、習俗、神話與傳說等，恐怕不是個人一時所能夠完全知道，因此殊漏之處，還望以後的學者繼續增補或修訂之，讓部落的文化更臻完整。

田哲益　序於水里山水居

2019 年 12 月 31 日

作者序二

同甘共勞精彩結集

我與夫君田哲益老師，從民國七十幾年起，就開始從事台灣原住民文化的田野採擷工作，南投縣信義鄉是布農族的原始居住地區，也是全台布農族最大的聚落區，社群結構非常完整，五大社群：巒社群、郡社群、丹社群、卓社群、卡社群人，都聚集在這裡，從日治時代即備受學者關注與調查研究，是布農族原始文化來源的重要地區。

我與夫君在信義鄉濁水溪上游四個部落：達瑪巒部落（地利村）、迪巴恩部落（雙龍村）、馬拉飛部落（潭南村）、羅羅谷部落（人和村），從事田野調查，直接面對面與耆老對話，凡數十有餘年，如今精彩結集，心靈綻放出不少愉悅。遺憾的是這些被訪查的長輩，如今都已撒手西歸，蒙主恩招，永懷主恩。我們謹以此書，做為對他們無盡的景仰與懷念，感謝你們留下來無私的智慧，感恩你們願意接受我們近距離的交談。也謝謝你們的啟發，讓我們成長與圓熟。

我與夫君結為連理，雖還不至於鶼鰈情深，數年後，夫君開始從事文化調查研究工作，我義不容辭擔任協助與整理的小助理，當時還不是使用電腦的時代，用手書寫爬格子撰寫，兩人還

堪稱合作愉快。

　　夫君也曾獨身前往中國大陸從事少數民族文化調查與研究，兩岸來來去去凡十年之久，居住在廣西為基地，再動身前往中國大陸各地，研究成果頗為豐碩，唯至今尚未整理完成。

　　由於與夫君一起從事工作，雖然偶爾會有意見相左的情形，但基本上我還是很敬佩我的夫君，他的毅力與執著雖然有時令人受不了，但還是滿欣賞這樣的夫君，夫君在中國訪查時多是住在山區，我又不在他身邊，自然生活條件就差了一些，但是他總能克服困難，順利採集他所要的資料與材料。我真慶幸能夠與夫君同甘共勞精彩結集。

全妙雲　序於水里山水居

2019 年 12 月 31 日

六、索黑幹氏族的故事 115

七、布農族的搶婚習俗 116

八、諾阿南氏族 117

九、龍葵、鵝兒菜可以療病 118

十、修正屁股軟骨的治療師 119

十一、地底下的有尾人 120

十二、達納畢馬達西烏拉彎亞氏族與日本
人的戰爭 122

[第五章]

迪巴恩部落舊社與主聚落地名

傳說與典故　125

一、迪巴恩部落傳統舊社地名

　　傳說與典故 126

二、迪巴恩部落主聚落地名

　　傳說與典故 128

[第六章]

迪巴恩部落農耕地

地名傳說與典故　131

一、巴林杏 132

二、馬西令 132

三、拉薩 132

四、可里沙夫 133

五、督督克 134

六、達魯納斯 134

七、巴丹待納日 134

八、馬斯里法刀爾 135

九、迪迪辣斯 135

十、方辣日 135

十一、達西給 135

十二、達爾布奴彎 136

十三、迪艘 136

十四、沙棒 136

十五、幫谷阿難 136

十六、卡高怒 137

[第七章]

馬拉飛部落神話與傳說故事　139

一、古代布農族卡社群的

　　偷盜儀式 140

二、信義鄉布農族末代巫師 141

三、巫師之養成 144

四、疾病之種因 145

五、巫醫治病之時機 146

六、巫醫診斷病情 147

七、巫師禳祓術 149

八、巫師火把禳祓術 150

達瑪巒部落神話
與傳說故事

第一章

一、忙達梵氏族的祖先

採錄者：田哲益

採錄地點：南投縣信義鄉達瑪巒部落

採錄時間：早期採錄

「忙達梵」（Ma-da-van）氏族（漢姓金）的傳說：

傳說「索拿梵」（Su-na-van）氏族有一群人到獵場狩獵野獸，一直到晚上才回來狩獵小屋（岩洞）裡，他們發現留在狩獵小屋的小米被人偷走了，卻換上了各型各種的鳥類在小屋裡。因此「索拿梵」氏族人準備守候盜竊小米者，結果發現盜竊小米者是從懸崖攀爬上來了的，他準備先竊取桃子，立即被「索拿梵」氏族人逮個正著。

本來準備把盜竊者殺掉，但是看他一副善於狩獵抓山獸的樣子，手裡還拿著各型種類的鳥類。適時有一隻小鳥在一棵樹上，於是「索拿梵」氏族人讓他用弓箭去射，結果正中樹上的小鳥，族人很欣賞盜竊者的射箭技藝，就沒有把他殺死，此後族人善待他。由於他是從懸崖攀爬上岩洞小屋盜取「索拿梵」氏族的小米，所以稱呼他的後代為「忙達梵」氏族。

「忙達梵」布農語意為「懸崖」之意，因為本氏族的祖先曾經從「懸崖」攀爬偷盜「索拿梵」氏族的小米，因此稱呼他們為「攀爬懸崖者」，則本氏族之命名法屬於「典故名型」（故事名型）。這裡要特別介紹，布農族的象形文字「木刻板曆」就是出於本氏族的祖先。

二、滿各各氏族的祖先

採錄者：田哲益

採錄地點：南投縣信義鄉達瑪巒部落

採錄時間：早期採錄

....

「滿各各」（Mang-qu-qu）氏族（漢姓全）的傳說：

傳說布農族人在一次出草行動時失利，族人紛紛逃走，本氏族祖先仍奮勇搶回被敵人馘首之族人的頭顱，後人就稱他的後代為「滿各各」，喻意「很強壯」、「在人之上」。本氏族祖先於出草時嘗有英勇的表現，故其後代稱為「滿各各」氏族。依本傳說則本氏族之命名法屬於「典故名型」。

「滿各各」布農語意為「頂峰」、「最上方」、「最頂端」、「在某某之上」。亦有傳說本氏族因為多住在山頂頂峰上，故其命名法屬於「方位名型」。

三、達給木蘇氏族的祖先

採錄者：田哲益

採錄地點：南投縣信義鄉達瑪巒部落

採錄時間：早期採錄

....

傳說「達給木蘇」（Ta-ki-mu-su）氏族人（漢姓平）以前人數眾多而

且凶悍。有一次驕傲地展示他們的人多勢眾，巫師穿著紅色的衣服帶領他的族人，以手拉手，一個接著一個的方式往山上排列上去。當巫師走到山頂的時候，大聲地往下傳話說已經到山頂了，透過這個方式來宣揚他們的優勢。可是就在他們要下山的時候，卻突然打雷下雨了，而且開始山崩，活埋了全部的人，奇怪的是，卻只有那個地方下雨和地震而已，其他處得以倖免。

在當時有一位「諾安南」（Nu-a-nan）氏族（漢姓米）的婦女看見了，就把這一件事情流傳給他們的子孫，也因此「達給木蘇」氏族和「諾安南」氏族兩個氏族的後裔皆認為這是上天為了要懲罰他們的驕傲。所以這兩個氏族的人就迷信著若打雷一聲時，是不吉利的，必須停止工作；如果打雷二聲，那麼就可以繼續工作了。

「Mu-su」（木蘇）是該氏族原居舊社的地名，則本氏族之命名法屬於「地名名型」。「Mu-su」即合流坪（丹大溪與濁水溪合流處）。

達瑪巒部落公雞圖騰

達瑪巒部落傳統祭儀演出

四、馬督拉雅安氏族的祖先

採錄者：田哲益

採錄地點：南投縣信義鄉達瑪巒部落

採錄時間：早期採錄

．．．

「馬督拉雅安」（Ma-tu-la-ian）氏族（漢姓幸）傳說：

從前有兄名「瓦各阿爾」（Va-ku-al）和弟弟「卓幹」（Tsu-kan）及姪兒「迪洋」（Tiang）到他們的漢族人朋友家作客，漢族人請他們吃「綠豆」（La-ian），他們吃得津津有味，覺得風味甚佳，心裡非常羨慕。於是向漢族人討綠豆種子，要回去播種，可是漢族人不允許。

當他們要回部落，經過漢族人的綠豆園的時候，剛好主人不在田園裡，他們見四下無人，便盜拿綠豆種子。回到部落後，把綠豆種子種植在山地的田園裡。結果其生長的很好，開花結實後，「馬督拉雅安」氏族人分給其他氏族人種子種植，於是大家都種起綠豆了，綠豆遂成為了布農族重要的副食品。

「瓦各阿爾」的後嗣，遂以「綠豆」為氏。「馬督拉雅安」亦有「最早種植綠豆者」之意。

布農族有一個氏族以樹豆為氏族名　　　　樹豆

五、馬拉斯拉散氏族的祖先

採錄者：田哲益

採錄地點：南投縣信義鄉達瑪巒部落

採錄時間：早期採錄

⋯⋯⋯⋯⋯⋯⋯⋯⋯⋯⋯⋯⋯⋯⋯⋯⋯⋯⋯⋯⋯⋯⋯⋯⋯⋯⋯⋯⋯⋯⋯⋯⋯⋯

　　「馬拉斯拉散」（Ma-las-la-san）氏族（漢姓甘）的傳說有三：

（一）有一對夫妻同時亡故，其子傷心欲絕，抱頭大哭，輾轉在地上，
　　　由於腳在地上摩擦，把腳都磨擦破了。後來他的後代就叫做「馬拉
　　　斯拉散」氏族。「馬拉斯拉斯」是「磨擦」之意，依據本傳說故事
　　　則本氏族之命名法屬於「典故名型」。

（二）有人說，有一位小孩想吃肉，父母親不給他吃，就大哭起來，躺
　　　在地上，把腳在地上磨擦受傷了，其後代就稱為「馬拉斯拉散」氏
　　　族。依據本傳說故事則本氏族之命名法屬於「典故名型」。

（三）又有一說，「馬拉斯拉散」氏族的祖先，脾氣不好，生氣時就會磨
　　　刀霍霍以示威，所以後代就叫做「馬拉斯拉散」氏族了。意即「生

氣時就開始磨刀想要殺人」。依據本傳說故事則本氏族之命名法屬於「典故名型」。

「馬拉斯拉斯」（Ma-las-las），布農語為「磨擦」的意思，第三則故事「磨刀霍霍」也是「磨擦」的意思；「馬拉斯拉散」之意有「曾經磨擦腳而受傷或磨刀霍霍以示威者之後代」，則本氏族之命名法屬於「典故名型」。

六、卡拉方岸氏族的祖先

採錄者：田哲益
採錄地點：南投縣信義鄉達瑪巒部落
採錄時間：早期採錄

......

「卡拉方岸」（Qa-la-vangan）氏族（漢姓何），傳說本氏族的祖先原為泰雅族人，在一次出草戰爭中，布農族卓社群人擄獲了一位泰雅族小孩，便撫養他，讓他娶妻生子，其後代變成了布農族卓社群的一個氏族，稱為「卡拉方岸」氏族。

「Qa-la-vang」（卡拉放）是「泰雅族」之意，則本氏族之命名法屬於「新創名型」或「異族名型」。
世界上的民族絕少是只由單一民族組成，台灣的布農族也是如此，傳說中布農族的組成系統，有泰雅族人、太魯閣族人、鄒族人以及漢人加入布農族系統。

七、孤兒變老鷹故事

採錄者：田哲益

採錄地點：南投縣信義鄉達瑪巒部落

採錄時間：1992年9月15日

報導人：金興國（Lian）：丹社群‧囊阿福蘭氏族人

本故事原載：田哲益著《布農族的古老傳說》，潭南國小出版

⋯⋯⋯⋯⋯⋯⋯⋯⋯⋯⋯⋯⋯⋯⋯⋯⋯⋯⋯⋯⋯⋯⋯⋯⋯⋯⋯⋯⋯

從前有一位孤兒，他的母親亡故，父親續弦娶了後母，後來後母也生下了三個兒女，便開始對她丈夫前妻的孩子惡劣起來，但平時卻也不會表現出來。

每當這孩子的父親外出工作，後母常常吩咐他到很遠的地方去挑水，騙他說要給他鍋巴吃，但都是她自己生的孩子獨享，孤兒非常渴望吃鍋巴，於是每天很早就起床搗米，雖然還只是個小孩子，卻要做著很多的事情。

後母百般刁難，孤兒備受欺凌，他想到後母如此對待他很想大哭，有一天，他的父親又到獵場打獵，過去布農族人上山打獵，短則三至五天，長則甚至七天，父親不在家，後母更是竭盡所能的虐待他，致使他非常痛苦，不知道往後的日子要怎麼過才好，他想逃離這個地方。某天他看到小鳥在天空飛翔，他也想自由自在的像鳥兒一樣，於是用掃把做為尾巴，用 Qa-pung（簸箕）當作翅膀，居然飛起來了。

後母看到了，大聲喊叫他，要他趕快下來。然而那位孤兒已經不會講話了，他一直叫著 Ku-kuav ku-kuav，從此變成了 Ku-kuav（老鷹）。

孤兒變老鷹飛上天

孤兒很傷心，並且哭泣流淚，一顆眼淚掉落在後母的脖子上，把後母的脖子割斷了，後母也慘死了。這位孤兒成為了老鷹在天空中飛翔。

本則傳說敘述後母虐待前妻孩子的故事，孩子日思夜思「自由」、不受限制與虐待的生活，最後選擇變成老鷹遨遊天際，其後母雖然後悔，但是已經無濟於事，被變成老鷹的孩子之眼淚割斷了脖子，嘗到了現世報的惡果。這是一則令人感動與流傳甚廣的勸誡性傳說故事。

「孤兒」一詞，世界上許多民族的定義不同，有的是雙親亡故才叫孤兒，而布農族是只要父母雙方，有一方亡故，就叫孤兒，孤兒稱Minti-nalu。

八、人蛇大戰的故事

採錄者：田哲益、李福清（B.Riftin）

採錄地點：南投縣信義鄉達瑪巒部落

採錄時間：1992年9月18日

報導人：全紹仁（Nakas）：丹社群‧滿各各氏族人

本故事原載：田哲益著《布農族的古老傳說》，潭南國小出版

⋯⋯⋯⋯⋯⋯⋯⋯⋯⋯⋯⋯⋯⋯⋯⋯⋯⋯⋯⋯⋯⋯⋯⋯⋯⋯⋯⋯⋯

　　從前有一位婦女名叫 Qabus（卡布斯），她的先生要參加盛典，必須穿著盛裝，她苦思著要編織先生的盛服。

　　她到郊外走走看看，看見有一條百步蛇盤纏在路中，旁邊還有一條小百步蛇。她思量著，覺得百步蛇的圖紋甚是美觀，想要按著百步蛇的背後圖紋編織先生的衣服，便與百步蛇媽媽商量。起初百步蛇不肯，最後經過這位婦女的說服與美言，百步蛇終於答應借給小百步蛇讓她參考編織，所以布農族人衣服的圖紋類似百步蛇的圖紋。

　　他們約定七天，就要奉還小百步蛇給百步蛇媽媽。第三天，Qabus 就編織完成了一套漂亮的衣服，被別的婦女看見了，便也要求 Qabus 把小百步蛇借給她們參考以編織衣服，婦女們一面參考小百步蛇的圖紋，一面編織，把小百步蛇拿來拿去爭相玩賞，結果不小心把小百步蛇踩死了。

　　到了第七天，約定奉還小百步蛇給百步蛇媽媽的期限到了。百步蛇媽媽便來找 Qabus，要拿回她的小百步蛇。Qabus 騙百步蛇媽媽說：「現在全村社的婦女都在參考你的小百步蛇編織，過兩天再奉還給你。」百步蛇媽媽甚是不悅，便走了。

過了兩天，Qabus 又跟百步蛇媽媽說：「再過兩天才奉還小百步蛇。」百步蛇媽媽更是不高興了。又過兩天，百步蛇媽媽又去要回小百步蛇。Qabus 乾脆據實以報說：「小百步蛇已經被踩死了」。

百步蛇媽媽聽了非常震怒，牠對布農族人說：「你們要小心啦，我們一定會報復的！」

有一天，成千上萬條的百步蛇向村社偷襲攻擊，報復人類的不守信用，咬死了不少人，也咬死了許多家畜。布農族人上山工作，百步蛇就在路上等候，出其不意的咬人，布農族人也開始對百步蛇反擊，見到百步蛇便殺死牠們，就這樣互相殺伐無已時，雙方損傷慘重，幾至滅亡。

人類和百步蛇都思考著：如果長久下去，必定損失慘重，於是雙方便達成協議如下——以後雙方不再敵視，須和平相處，百步蛇不可以咬布農族人，人類看見百步蛇也不可以殺死。自此布農族人稱百步蛇為 Qaviaz（朋友），彼此相安無事。

本則故事敘述了人類發展史中「人與獸爭」的時代。其中布農族男子的傳統服飾之背紋是一位婦女參考小百步蛇的圖紋編織而成，不過因為不小心把小百步蛇踩死了，因此小百步蛇的媽媽非常震怒，便率領了成千上萬條的百步蛇向布農族人的部落攻擊，此後便互相攻訐，幾至雙雙滅亡。最後雙方達成協議，彼此互為友好，而百步蛇變成了布農族人又懼又敬的圖騰崇拜。

1│2

1. 戰後初期達瑪巒部落青年
2. 戰後初期達瑪巒部落飼養山羊

九、被百步蛇纏死的獵人

採錄者：田哲益、李福清（B.Riftin）

採錄地點：南投縣信義鄉達瑪巒部落

採錄時間：1992年9月18日

報導人：全紹仁（Nakas）：丹社群・滿各各氏族人

本故事原載：田哲益著《布農族的古老傳說》，潭南國小出版

從前迪巴恩部落有一位獵人上山打獵，他不相信百步蛇會報復人類的傳說，於是在一棵樹下看到一條百步蛇盤纏著，便舉槍射殺，回到村社便宣揚此事以為炫耀。

隔一段時間獵人又上山打獵，他以前上山打獵，通常三天便會回家，但是這一次超過了七天還沒有回到家。他的家人感到心神不寧，預感可能出事遇難了，便夥同一大群部落族人尋線找尋。

結果駭然發現這位獵人與一條大百步蛇纏抱在一起，雙雙死於上次射殺百步蛇的那一棵樹下。所以，至今布農族人還是不隨便殺死百步蛇，害怕會遭其報復。

本故事舉了一個真實例子證實「百步蛇報復說」。至今布農族人還是很敬畏百步蛇。

十、布農族人厚葬狗

採錄者：田哲益、李福清（B.Riftin）

採錄地點：南投縣信義鄉達瑪巒部落

採錄時間：1992年9月18日

報導人：全紹仁（Nakas）：丹社群・滿各各氏族人

本故事原載：田哲益著《布農族的古老傳說》，潭南國小出版

以前布農族的人不殺狗來吃，如果狗死了，好好的埋葬牠，他們會為狗哀悼三天，因為布農族人打獵所獲得獵物，都是狗捕捉獵取的，狗會抓羊、抓鹿、抓山羌也抓山豬，實在是布農族人的好幫手，即使是血戰森林的野獸，哪怕是犧牲生命也在所不惜，非常忠誠於主人。

狗是自古以來與人類相處最久的動物，牠善解人意，幫忙人類狩獵，與人類為伴，因此布農族人把牠當作家人看待，狗死了不僅要厚葬，而且還要為牠與人同等的哀祭，布農族人真是懂得感恩的民族。布農族在原始神話傳說中有「男人是狗變的」母題，或許布農人特別珍愛「狗」也源於此。

十一、小矮人消失的故事

採錄者：田哲益、李福清（B.Riftin）

採錄地點：南投縣信義鄉達瑪巒部落

採錄時間：1992年9月18日

報導人：全紹仁（Nakas）：丹社群・滿各各氏族人

本故事原載：田哲益著《布農族的古老傳說》，潭南國小出版

⋯⋯⋯⋯⋯⋯⋯⋯⋯⋯⋯⋯⋯⋯⋯⋯⋯⋯⋯⋯⋯⋯⋯⋯⋯⋯⋯⋯

　　從前有3尺高的人，他們叫做Sazusu（撒儒素），住在Si-ka-ta-ni（西卡達尼），以前在那裡住著很多小矮人，而Ta-ki-iama（達給雅馬）那裡同樣也住有小矮人，他們住的地方是小小的，同時隔絕布農族人，有的住在懸崖峭壁上、有的住在草叢裡。

　　小矮人很厲害，他們經常與布農族人作戰，也經常戰勝布農族人，他們會趁著布農族人不注意的時候，從草叢裡冒出來，所以布農族人對他們很無奈。

　　他們善於使用弓箭，有的躲在土裡面，有的躲在草叢裡，布農族人不知道他們藏身在那裡，便時常遭受突襲。

　　後來小矮人與布農族人友善相處，但是他們的個性強勢，溝通意見很難馴服他們，爾後尚且不知道他們的下落何從，只知道似乎是被集中關起來了。

　　其後再訪時，全紹仁耆老又補述之（內容與上大致相同，唯稍有擴充）：

　　「古代有身體矮小如侏儒的人叫做撒都索，他們住在西卡達尼

（Sikatani）一帶，達給雅馬（Taki-iama）一帶也住有很多小矮人，但是沒有人確實知道他們住在那裏，因為他們住的地方小小的，他們的一切東東西都是小小的，且住在懸崖峭壁上，或住在草叢及地土裡面。他們跟一般人一樣吃飯，也會釀酒。古代小矮人經常和布農族人發生戰爭，由於小矮人臂力強，智慧高，布農族人不敵，常常打敗仗，生存受到威脅。小矮人因為身材矮小，所以布農族人很難捉摸他們的躲身處，他們都趁著布農族人不注意的時候，突然從草叢裏冒出來攻擊，布農族人對他們很無可奈何。小矮人又善於使用弓箭，躲在土裏面、草叢裏或爬到樹上，突然發箭突擊，又迅速逃逸的無影無蹤。後來小矮人與布農族人友善相處，但是他們的個性很強，跟他們溝通意見很難馴服他們，他們對自己的意見很堅持，不願意輸給了別人，他們希望以自己的意見為意見。後來聽說他們被關起來了，不知道是誰關了他們，也不知道他們被集中在那裏關起來，後來就不知道他們如何了」。

布農族的傳說記載，古代有一種小矮人存在，他們很善於作戰，常常突擊布農族人，布農族人曾經飽受其苦。傳說中的小矮人，他們的消失令人質疑，是被趕盡殺絕了嗎？小矮人可能是古代台灣原住民早期的種族之一，後來因為「適者生存，不適者淘汰」的天律滅亡了，或混入其他族群而消失。

巒社群「Qatunglan」（卡豆諾蘭）社傳說：「古時候有稱之為撒儒束之矮人居住於郡大溪的右岸。矮人身高僅有 3 尺，經常匿藏於叢林茂草之中，善於弓箭射擊，以困擾布農族人。因此觸怒了布農族人的祖先，乃架橋於溪流之上，等候他們大舉前來渡橋時，從下面將橋鋸斷，讓小矮人置之於死地，而全族死滅。小矮人的房屋為門面 3、4 尺

寬之小屋，但竟有 60 人左右居住於其中。」

卡社群「Tamazuan」（達瑪巒）社傳說：「古時候小矮人撒儒束，他們會吃青蛙，善於攀緣樹枝，好像是森林的猴子。他們非常靈活，一旦潛身躲入密葉叢林中，就很難再看到他們的蹤跡。」

卡社群傳說：「過去曾經有一種撒儒束之矮人，他們身材很小，所以採摘樹豆（Qalidang）的時候，必須使用梯子才能摘到樹上的豆子。他們非常善於戰爭，驍勇無比，布農族的巨人也不能與之為敵。」

丹社群丹大（Vatan）社傳說：「古時候有小矮人撒儒束，居住在Taki-litu（達給里杜）之地，他們的身材只有 3 尺許，非常善於攀爬樹木，宛如山猿，一旦潛匿叢林中，則不易於找尋到他們了。他們常由密葉叢林中，揮刀殺出，布農族的祖先為之傷亡慘重。」

郡社群「烏發賀」（Uvahu）社傳說：「古代撒儒束之矮人，身材不及 3 尺，常藏身於巖頭或香蕉葉下，狙擊布農族人，所以祖先甚憎惡之。」

又郡社群東埔社及卓社群過坑社（卡豆部落）也有矮人居住之傳說，大枙板社及郡大社附近，相傳曾經棲息甚多矮人。屬於巒大社之下毛社至下諱社中途，即在郡大社與巒大社匯合處，有形若削成之懸崖，其頂上有一片稍寬平地。此處存有一大石壁，狀如廢屋遺址。布農族云：「此乃約 300 年前矮人所居者。」自郡大社方面經屬於巒大社之大枙板社，更行半公里，將轉西下坡處之北面山腹，疊積夥多板岩片，布農族謂乃撒儒束之遺址。今僅存一處，餘皆為布農族墾成耕地，將其石板堆起數處。就僅存觀其形制，質料皆係板岩片，東西 9 尺長，南北 6 尺寬，高 2 尺 7 寸許，開 1 尺半左右之門面於東邊南隅，屋頂雖已毀無存，可能亦以板岩為之，屋內鋪以板岩，四壁亦用板岩作為腰板。據云往古此種房屋在今之郡大社及大枙板社對面山腰亦有之。在此遺址，除

曾發現陶片三件外，並無任何顯著跡象。南投縣境內原住民所傳承之矮人傳說，並非全出於空想者，不但傳說中吻合之處頗多，且曾有遺址之存在。1981年10月挖掘的「曲冰遺址」就是明證。

民國82年（1993）元旦假期，民俗學家洪田浚先生夥同布農族作家哈托魯爾（Hatul）、太魯閣族陳道明醫師等數十人進入卓溪鄉的布農族清水部落，沿著拉庫拉庫溪的採礦道路，向南安山區深入，果然找到了疑似小矮人遺址，遺址的屋牆遺跡，非常明顯，每戶長度在20米至30米之間，是一種長屋，屋牆的石頭和石板呈現不規則的堆疊方式，與傳統布農族石頭長屋（氏族大家庭）的建築技巧有所不同，尤其屋頂使用石板覆蓋，散落的石板常見小孔，每戶屋址之內都有直立石柱或石板柱，或為陰陽石的生殖崇拜象徵，另有開孔石板片、斷折的手握型石杵到處都有，非常普遍，也有陶壺的碎片。

花蓮縣卓溪鄉清水部落屬於布農族的巒社群，大約在18世紀初期，從南投縣郡大溪中游的巒社遷徙而來。當時因瘟疫流行，巒大社布農族為了逃避災禍，部份族人翻越中央山脈，定居於現今的清水（Masisan）。據說布農族祖先來到清水時，附近就有小矮人的群落。兩族經常作戰，布農族常遭戰敗，雙方長期對峙，都有損傷，後來有位矮人的孕婦單獨走到草叢間待產，不意被一名出外工作的布農族人踩到，孕婦與胎兒均不幸死亡，矮人想再這樣對抗下去不是辦法，終於主動向布農族人提出議和。從此以後，小矮人指導布農族人種植小米、地瓜、樹豆以及狩獵技巧，使布農族確立新石器時代的生活。他們學習布農族的語言，可以跟布農族人作簡單的對話。不知過了多久，可能是因日本人來了，小矮人自知無法抗衡，就舉族遷移。臨走前打斷所有的石杵，打碎所有的陶壺，從此消失無蹤，不知去向。又傳說有四戶布農族

人與小矮人通婚居在一起，這四戶都是伊斯達西巴爾（lstasipal）氏族的人。日治初期日本人曾捉了幾位小矮人到台東加以訓練並表演，後來有一位小矮人不幸摔死，其他小矮人拒絕再表演，日本人很不高興，也許南安小矮人感到生存危機而舉族他遷，不知所終（Uthau，烏紹口述）。南投縣信義鄉巒社群人表示，日治初尚有小矮人為日本人表演摔角的傳說，此後集中關起來，小矮人就絕跡了。

南投縣仁愛鄉山區於民國 70 年（1981）發現一處前所未見的史前人類「大墓區」，距今二至三千年，是目前台灣島內所發現規模最大、占地最廣，也最奇特的一處史前遺址。由於發現地點是在南投縣仁愛鄉萬豐路的「曲冰」段584號山地保留地附近，故稱之為「曲冰遺址」。

民國 69 年（1980）10 月間，中央研究院歷史語言研究所考古組助理研究員陳仲玉教授，參加中央機關公僕自強活動而舉辦的「楓葉谷健行隊」，到達仁愛鄉法治村的武界布農部落後，就步行由武界行至萬豐村的「曲冰」，途中經過距曲冰僅1.5公里的河谷山路上，突然發現地面上有很多史前時代的石器，判斷該處河谷一定是考古學的處女地，應作發掘之試探。

陳仲玉隨中央機關公僕自強活動「楓葉谷健行隊」完成健行返回台北後，即將此次發現，向歷史研究所前任所長高去尋院士與石璋如院士提出報告並建議應即著手試掘計畫，並獲得國家科學委員會的經費補助。於是陳仲玉偕同研究助理余澤宇於民國 70 年下半年利用兩週的時日，重來現場作田野調查，發現有石器的地點竟有十五處之多，其中最少有三處可以實行挖掘計畫，便詢問當地布農族原住民這三處的土地名，分別為「姊源」、「妹源」、「哥哥源」，其地名甚為怪異，詢問之下，亦不知其由來。

　　同年 10 月間陳仲玉、余澤宇二人再次前來萬豐村，即選定在「姊源」先行試掘，並雇用當地布農族多人挖掘，該處土地面積約有 9 千餘平方米，至民國 70 年底已挖掘的部分，為深約 1 米之長方形深坑，長30 餘米，寬約 20 餘米，深坑中顯示出的石板岩為房屋基礎，石牆、石板棺等。

　　由於該遺址規模龐大，且每一個史前人類之石屋內的石板棺都非常小，小得就如小孩子或專供嬰兒用的袖珍型石板棺。因為石板棺的尺寸，與現居台灣的原住民族的身材完全不合，初步研判「曲冰遺址」，可能是一支已經在本島失蹤的民族所居住，且身材可能非常矮小，應是在台灣銷聲匿跡的「矮黑人」。

　　「曲冰遺址」發現後，竟任其廢棄，無人管理因而破壞了不少東西。直到民國 76 年（1987），文建會和內政部民政司率領專家學者來到曲冰再度勘察它的歷史價值，認為是台灣年代最久的原住民聚落，才正式把它列入「三級」古蹟維護。「曲冰遺址」存在的意義，說明了早在二、三千年前台灣就有一種「原本就住在山地」的真正的「山地人」。

　　中央研究院歷史語言所考古組在曲冰做了四個月的田野調查（1981年 10 月至 1982 年 1 月），發現二千多年前的曲冰部落遺址，一反常態地坐落在「高位河階面上」。他們在高位河階面上掘出原始的「石板棺」，他們的墳墓就設在自己的住宅裡面，考古隊所挖出來的石棺，就位在住屋石牆和房屋的基牆內側。

　　這處二千多年前的大型聚落，從屋子基礎石的排列看來，顯然是「緊密排列」型的結構，房子間隔緊湊且整整齊齊。每間屋宇幾乎都埋有一具石棺，「小石棺」比「大石棺」多。另外，曲冰遺址出土的文物還有由石砂岩所砍製而成的「石斧」，連弓箭頭也是石製的「石簇」、

「石紡錘」和捕魚用的「石網墜」，及石錛、尖錐等石器用具，更有夾砂灰及燒製而成的容器紅色陶片等器物，顯然此區是一個大型的聚落，已有定居式的文化生活。

「姊源」距離萬豐村曲冰部落 1.5 公里，因其地緣關係，故將發掘之處，暫定名為「曲冰遺址」。

對於陳仲玉教授欲在此地規劃興建野外博物館，擬開放觀光，中央和地方財源都有困難，於是為免古蹟遺址遭風化而損耗，決定先將開挖六、七年之久的部分回填，俾作以後全面的發掘與研究，諸如「建築結構」、「社會結構」、「經濟生活」、「古生態環境」等。

台灣的原住民除了「史前人」，其後所知道的就只有估計已經在台灣絕滅了兩百年的「矮黑人」，從 5 萬年前的「史前人」到「矮黑人」的滅絕，這數萬年的斷層，還尚需繼續發掘，以補充台灣原住民的原始脈絡與承繼。

清代文獻對於台灣矮黑人的記錄相當詳細，矮黑人出現的地點也相對廣泛。1918 年，日本的伊能嘉矩就已來台研究台灣先住民文化，他在日本的《東洋時報》發表了一連串震驚的文獻，其中一篇標題為〈台灣の烏鬼番〉。他在這篇文獻中指出，台灣的土著各族之間，除了蘭嶼的達悟族之外，幾乎各族都有他們的祖先與「矮黑人」相處的故事。直至今天，這種傳說同時存在於泰雅、布農、鄒、排灣和賽夏族的民俗信仰中。新竹苗栗的賽夏族至今還保留每兩年舉行「巴斯達隘矮靈祭」，就像漢族人「做醮」那樣盛大。

矮黑人在台灣分布非常廣，台灣原住民族幾乎皆有關於矮黑人的傳說。賽夏族人稱呼矮黑人為「Pastaai」；南投霧社一帶的泰雅族人稱之為「Singurusu」、「Singing」、「Tsikuitsikui」；布農族稱之為「Sazusu」、

「Pineqan」；鄒族稱呼為「Sajutsu」；沙阿魯哇族稱「Kavovua」；排灣族稱「Ngurur」；邵族稱為「Okauhia」。

台灣原住民指稱的矮黑人名稱雖然不同，但都指出矮黑人的共通點，即身材矮小，行動敏捷，膚色暗黑，毛髮蜷縮，善於使用弓箭及巫術，住在山岩石洞。布農族的矮人傳說，可謂在台灣原住民中最詳盡也最多，而且饒富情趣。「小矮人」也是布農族人重要的傳承故事之一。

伊能嘉矩的《台灣蕃政志》中，曾記載有「烏鬼蕃」。這是由曾於荷領東印度群島傳教的法蘭索‧瓦連汰（Francous Varentyn）的傳記中所提到，在台灣的山中有一種「柴毛斯克」的黑人生活著。

關於這種矮黑人的傳說，在台灣的舊記中也存在著。在南台灣也有被稱為「烏鬼蕃」的矮黑人的遺跡，台灣的舊記《鳳山採訪錄》上說：

（一）烏鬼蕃本為國名，後為紅毛奴（荷蘭人的奴隸），其遍體純黑，入水也不會沉沒。

（二）烏鬼番的頰下有鰓，狀如魚鰓，可於海中潛伏數日之久等等。

其他，尚有多種文獻曾提到「烏鬼蕃」。

宮本延人從事原住民的調查中，也說原住民之間有過矮人的傳說。在原住民之間流傳的傳說中，尤其是賽夏族，認為他們的祖先，曾與住在該地稱之為 Taai 者作戰，據說 Taai 族體型小，膚色黑，但是作戰力強。

其中小矮黑人存在於亞洲花綵列嶼一說。據日本學者指出，日本的原始住民，日本歷史上稱之為「土蜘蛛」，因為他們住在洞穴，猶如黑蜘蛛從洞裡出入一般，身體黝黑，是日本的原始民族，與台灣小矮黑人一模一樣，後來不敵新文化，全族滅絕。

再據人類學家言，其實太平洋西岸一系列的火山島嶼，由日本、

琉球、台灣、菲律賓、印尼，都是屬於「火山錐」型島嶼，島上的原始住民，都存在一種「矮黑種」的民族。

迄今菲律賓群島（傳迄今尚有4、5萬矮黑人，稱呼為「Negritos」、「Ifugao」）和赤道一帶的印尼群島（住在地下窖洞）等地，皆留存有矮黑人這種人類。而北半球日本（稱呼為「土蜘蛛」）和台灣島上，幾乎已全部滅絕。

傳說中的「矮黑人」，是環太平洋列島的原始住民，由於時代與生存環境的劇變，雖然在台灣和日本以及琉球已經絕跡，但在南洋的許多島嶼，如菲律賓和印尼，他們還是一個活生生的實體。這也說明了歷史舞台上，文化交替的軌跡。

十二、布農族人燒死巨人的故事

採錄者：田哲益、李福清（B.Riftin）

採錄地點：南投縣信義鄉達瑪巒部落

採錄時間：1992年9月18日

報導人：全紹仁（Nakas）：丹社群‧滿各各氏族人

本故事原載：田哲益著《布農族的古老傳說》，潭南國小出版

··

從前有一個人，他長的非常的高大，一座山只要一步就可以跨過去了，人們對他的高大感到不可思議。但由於他的腳步太大了，舉步走路要到別人家，不小心便會踏死人，所以大家都很怕他，對他很防禦。

有一天，巨人與許多布農族人在叫做 Bu-bu-hul（布布呼爾，意睪丸）的地方一起喝酒，命名為 Bu-bu-hul（睪丸）是因為巨人坐下的時

候，他的睪丸垂地，所以他所坐的地方，留下了兩個像睪丸一樣的大窟窿，所以這個地方叫做 Bu-bu-hul。

巨人喝的很高興直至酩酊大醉了，族人就趁巨人酒醉不醒人事的時候，合力把他用繩子綑綁起來，集聚了許多木柴，堆在巨人的身上，將巨人一把火燒死了，這位名叫 Tang-av（當阿夫）的巨人就此消失在人間了。

巨人踏過的足跡，至今還可以看得到，古代的人把他的遺跡一一命名，有一個地方形狀像足跡，就命名為 Ban-ta-san（班達散，亦即足跡）。

本則故事敘述布農族古代有一位巨人，他是一個善良的人，不過因為常常不小心踩死人，構成族人們的安全威脅，因此族人把他灌醉，合力把他燒死，從此巨人就消失了。本則傳說也是地名的故事。

十三、忌指彩虹的故事

採錄者：田哲益、李福清（B.Riftin）

採錄地點：南投縣信義鄉達瑪巒部落

採錄時間：1992年09月18日

報導人：全紹仁（Nakas），丹社群・滿各各氏族人

古代布農族人，看到天上的彩虹，絕對不可以用手去「指」彩虹，如果這麼做，用以「指」彩虹的「食指」，就永遠都不能夠彎回來了，而其他手指也永遠無法復原伸展開來。所以大人會教導孩子，絕對不可

以有這樣的舉動，因為這是對彩虹沒有禮貌。

另有一說，古代布農族人，看見在久雨不晴的天空上出現彩虹，以為上天指示不會再下雨了，人們便可以安心的上山工作了。所以他們禁忌指彩虹，認為指了彩虹，她就不會照顧這個地區，使得長年陰雨無晴，而影響了耕作和生計。

這兩則皆是布農族人對天體宇宙懷有敬重之心的故事。

十四、布農族人的星占信仰

採錄者：田哲益、李福清（B.Riftin）
採錄地點：南投縣信義鄉達瑪巒部落
採錄時間：1992年09月18日
報導人：全紹仁（Nakas），丹社群‧滿各各氏族人

布農族人除有鳥占（Mati-qazam）和夢占（Mat-taisaq）以為各種行事的指導外，以前布農族人也透過觀星來占卜。在夜晚，如果突然看到有一顆星星與平常時日不同，特別閃亮火紅；或是看到流星墜落消逝，部落中將會發生不好的意外事件。例如：可能有水災，有人被水沖走、有人從懸崖摔死、有人爬樹，從樹上掉下來受傷或死亡；有人自殺、有人被人殺死、狩獵失蹤等。

布農族的獵槍

布農族的勇士

　　以現在的科學知識判斷，星星有時很閃亮，看到流星墜落，這是很平常、很自然的事，但是古代人科學知識不足，就會感到惶恐、忐忑不安。認為出現異象，部落恐將發生不幸的事情，而特別謹慎行事，以避免災厄臨身。從另一個角度來看，也提醒了族人注意行事安全，多了一層自我防護的關卡。

十五、布農族人與太魯閣族人的戰爭故事

採錄者：田哲益、李福清（B.Riftin）

採錄地點：南投縣信義鄉達瑪巒部落

採錄時間：1992年9月18日

報導人：全紹仁（Na-kas），丹社群・滿各各氏族人

本故事原載：田哲益著《台灣古代布農族的社會與文化》，南投縣政府文化局出版

　　古代布農族人與太魯閣族人經常為了爭奪獵場而發生戰爭，有一次在卡爾木德（Qal-mut 丹社群舊社）這個地方，布農族人被太魯閣族人突襲，田裡工作的人全部被殺死，只有一位小孩沒有被殺死，被太魯閣族人抱走。

　　在山田豬圈裡面有一隻豬，也被太魯閣人砍殺，豬越過豬欄逃避，跑到卡爾木德村社來。主人看到受傷逃回來的豬，知道事情不妙，就召集壯丁趕到山田探個究竟，山田裡工作的人全部被殺死了，只有一個孩子沒有被找到。他們趕緊追趕，在巴斯杜杜安（Pas-tu-tu-an）發現了太魯閣人，太魯閣人正在舉行慶功宴，大眾圍繞成圈載歌載

舞，中間燃著熊熊烈火，孩子被放置其中。此時孩子突然叫「爸爸！
爸爸！」太魯閣人知道布農族人追趕來了，迅速帶著孩子逃走，他們逃
到巴達卡（Pa-tak）這個地方，被布農族人包圍起來。布農族人把他們
殺死，只有十餘人逃走，隨後把小孩搶回來帶回家。

本則傳說是太魯閣族人殺害布農族人並且擄掠小孩引發兩族戰爭的
故事。最後，被太魯閣族人擄走的布農族小孩被布農族人搶救了回來。

原始台灣原住民各族群，因為語言不通，或爭奪獵區與勢力範
圍，彼此互相征戰殺伐或報仇等事件層出不窮。本則故事，為了搶救小
孩子不惜血戰，是一則親情倫理的偉大傳說。

十六、布農族男子是狗變成的

採錄者：田哲益、李福清（B.Riftin）

採錄地點：南投縣信義鄉達瑪巒部落

採錄時間：1992年9月18日

報導人：全紹仁（Nakas）：丹社群・滿各各氏族人

原載：田哲益著《台灣的原住民布農族》，台原出版社

從前，布農族有一位頭目（領袖），頭目生下了一位公主，她漸漸
地長大且愈發美麗，很受父王母后的寵愛。

有一天，公主不知道是什麼原因患了皮膚病，身體都潰爛發膿，
痛癢得不得了，終日躺在床上翻滾著，不停的呻吟和痛哭。

隨著公主的病情越來越嚴重，頭目及夫人非常傷心，請了許多巫

醫替公主治病，可是還是無法治好公主的病。

頭目下定決心要治好女兒的病，於是在大道衢道叉路上公開通告說：「即使是乞丐，只要能治癒公主的皮膚病，公主一定許配給他」。通告一個多月後，仍沒有見到有人能治療好公主的病，頭目越來越焦慮和傷心。

直到有一天，有一隻公狗突然跑到公告前面，用爪撕掉公告後就跑走，頭目的兵丁迅速的抓到了這一隻狗，準備把牠殺死。有人說把牠帶去見頭目，疏忽之際，便讓這隻狗脫逃了。

這隻狗溜進了公主的房間，見到公主痛苦不堪，牠跳上公主的床，用牠的舌頭舔遍公主的全身上下。說也奇怪，公主的病痊癒了，頭目和夫人都非常高興，狗也留在公主身邊陪伴她。

有一天，頭目對女兒說：「這隻狗留在身邊恐怕不好。」便要趕狗走，狗聽了眼光直瞪頭目。

頭目對狗說：「如果你能夠變成人，我的女兒一定許配給你。」狗聽了搖搖尾巴好像很得意的樣子。

頭目又說：「如果你能夠在三十天之內變成人，公主一定嫁給你，如果不能變成人，以後再也不可以來這裡」。

狗離開了皇宮往山上走，頭目的兵丁在後面追蹤，沿途經過一片森林，最後，狗走進一個大石頭，內有一洞是狗住的地方，兵丁窺見牠進洞後便回去了。

到了第二十八天，兵丁又上山偷偷監視這隻狗，當時狗已經快要變成人了，只剩下頭未變成人形，狗發現兵丁監視牠，生氣的大罵說：「為什麼偷偷監視，約定的日期要延期一天，變成三十一天。」便把兵丁趕下山。

到了第三十天，兵丁又上山探視，岩洞已經空無一物，到處都找不到狗的身影。第三十一天的晚上，頭目召來眾人開會，這位狗先生也偷偷地溜進去參加。

會議結束後，還有一個人沒有離開，在椅子上打瞌睡，掃地的僕人見到他，並不知道他就是那隻狗變的。

僕人把他叫醒，他沒有回應繼續睡，於是僕人去找兵丁要趕走他，兵丁來到時，狗先生已經走進了公主的房間，公主見到他非常歡喜。

頭目見狀生氣的說：「你們可結合，但是必須馬上離開這裡到很遠的地方去，不要再讓我看見你們。」

他們開始整理行裝準備到遠方去，不料後有追兵想殺「狗先生」，他們拼命逃走，最後逃到海邊，海邊有一艘船，他們乘坐小船逃到了台灣的鹿港，在那裡定居下來，後來他們生下了孩子，後代子孫也綿延子嗣。

這是與俄羅斯漢學家李福清（B.Riftin）教授於南投縣信義鄉達瑪巒部落的採錄。因為涉及到布農族「來源說」（即大陸來源說），受到本土派學者或部分本族人（強烈土生土長說）的質疑，謂台灣布農族不是從「大陸」來的，我們當然很尊重。但是本則故事在達瑪巒部落是廣為流傳的，在其他鄉鎮的布農族地區還沒有聽到過類似的傳說。有關「海」的記載只有阿美族和達悟族有甚多的神話傳說故事，布農族則相對鮮少，所以採錄到本則布農族有關「海」的故事，實屬珍貴。

十七、丹大事件

採錄者：田哲益

採錄地點：南投縣信義鄉達瑪巒部落

採錄時間：約於1993年

報導人：全紹仁（Nakas）：丹社群・滿各各氏族人

....

　　日治時，在中央山脈大量使用布農族人從事伐木工作，以運往日本本土。丹社群人因為不滿日本人壓榨勞力及薪資待遇不公的問題，加上日警平日苛刻，遂發生「丹大事件」。

　　日人遴選伐木工的標準，是選擇品行優良的人，而據觀察，認為丹社群人是布農族五大社群裡性情最溫和者，卻也發生了抗暴反抗事件。

　　丹大發生過兩次起義事件，「第一次丹大事件」發生於1916年，南投丹大社與鄰近布農族人聯合向丹大日警駐在所發起圍攻。「第二次丹大事件」發生於1917年，花蓮港廳下施武郡群，聯合丹大社丹社群人舉行反抗日警的武裝起義。日人由集集方面調援，封鎖山地，斷絕生活物資，使其被迫投降。

十八、大洪水氾濫大地

採錄者：田哲益

採錄地點：南投縣信義鄉達瑪巒部落地利天主堂

採錄時間：2003年10月17日

報導人：南投縣濁水溪線四社尋根研討會

....

　　從前大洪水氾濫大地，人類逃到高山頂上避難，所有的動物也都逃到山頂來，於是人與動物生活在一起。

　　高山上天氣很冷，人類沒有火源來取暖，冷得瑟瑟發抖，也沒有熱食可供。於是人類先請癩蛤蟆到對面的山頂上去取火，可是牠取的「火」熄了；又派老鷹取火，可是老鷹落入洪水中，「火」也跟著熄了；最後請「黑皮士」（Hai-pis 紅嘴黑鵯）取火，牠成功的取得了「火」，交給了布農族人，布農族人又恢復了生命之熱源。

　　本則傳說故事情節要述如下：

（一）從前曾經有一次大洪水氾濫地球大地，人們都紛紛逃到高山頂上去避難。

（二）所有的動物也都紛紛逃避到了山頂來，在一小塊的山頂上，人類與動物生存在一起，都是為了避難。

（三）人們沒有火來取暖，冷得一直在發抖，飲食也沒有熱食。

（四）人們發現對面的山頂有火便請動物幫忙去取火。

（五）人們派癩蛤蟆去取火，可是牠取來的「火」熄了。

（六）再請老鷹去取火，可是老鷹落入洪水中，「火」也熄滅了。

（七）又請黑皮士鳥（紅嘴黑鵯）取火，牠取得了火，交給了布農族人，布農族人又恢復了生命之熱源。

十九、布農族人小米和雞的來源

採錄者：田哲益

採錄地點：南投縣信義鄉達瑪巒部落地利天主堂

採錄時間：2003年10月17日

報導人：南投縣濁水溪線布農族四社尋根研討會

⋯⋯⋯⋯⋯⋯⋯⋯⋯⋯⋯⋯⋯⋯⋯⋯⋯⋯⋯⋯⋯⋯⋯

從前沒有晝夜之分，因為古代有兩個太陽輪流照射大地，農作物根本不能生長。天旱飢荒，人們缺少糧食及飲水資源，有一位青年人便去把一個太陽射下來。

掉下來的太陽抓住青年人，沒有加害他並且原諒了他，只是要交換條件，此後族人必須要祭拜月亮。

臨別時，太陽饋贈給青年人小米和雞，並說：「小米是用來祭祀的，雞是用來報時的。」被射下來的太陽升天後，成為了月亮，此後布農族人也開始祭祀月亮。

本則傳說故事情節要述如下：

（一）兩個太陽輪流照射大地，農作物根本不能生長。

（二）有一位青年人去把一個太陽射下來。

（三）掉下來的太陽抓住青年人，沒有加害他並且原諒了他，只是要交
　　　換條件，此後族人必須要祭拜月亮。

（四）被射下來的太陽送給青年人兩樣東西，就是小米和雞，小米是用
　　　來祭祀的，雞是用來報時的。

（五）被射下來的太陽，後來變成了月亮，布農族人也開始祭月。

本則傳說故事涉及到布農族人原始宗教祭祀活動的源起，也兼述了小米和雞的來源。

二十、憤怒的父親征伐太陽

採錄者：田哲益

採錄地點：南投縣信義鄉達瑪巒部落地利天主堂

採錄時間：2003年10月17日

報導人：南投縣濁水溪線四社尋根研討會

從前有兩個太陽，致使大地的氣溫非常酷熱難耐，人們都已經受不了了。有一位嬰兒被太陽曬死，憤怒的父親決定到遙遠的地方把一個太陽射下來，以消怒氣，也為孩子報仇。父親臨行去討伐太陽，先在家裡院子種了一棵橘子樹，就踏上遙遠的征途。過了許久，為孩子報復的父親終於成功的把一個太陽射下來，所以現在的太陽只剩下一個，也不會那麼炙熱了。遠征討伐太陽的父親返家時，當初所種的橘子已經長成一棵巨樹了，可知征途之遙遠與長久。

本則傳說故事情節要述如下：

（一）從前有兩個太陽，大地的氣溫非常酷熱難耐，人們都已經受不了了。

（二）有一位嬰兒被太陽晒死，憤怒的父親決定到遙遠的地方把一個太陽射下來，以消怒氣，也為孩子報仇。

（三）父親臨行去討伐太陽，先在家裡院子種了一棵橘子，就踏上遙遠的征途。

征伐太陽把一個太陽射下來　　被射中眼睛的太陽變成了月亮

（四）為孩子報復的父親終於成功的把一個太陽射下來，所以現在的太陽只剩下一個，也不會那麼炎熱了。

（五）遠征討伐太陽的父親返家時，臨行踏上征途所種的橘子已經大長成一棵巨樹了，可知征途之遙遠與長久。

二一、布農族人舉行祭祀之濫觴

採錄者：田哲益

採錄地點：南投縣信義鄉達瑪巒部落地利天主堂

採錄時間：2003 年 10 月 17 日

報導人：南投縣濁水溪線四社尋根研討會

⋯⋯

　　從前有兩個太陽，輪番照射大地，由於太陽光實在太熱，人們耕作無法有好的收穫成果。人們在山田裡工作，把孩子用獸皮蓋住，當去探視孩子的時候，獸皮裡面發出「咻！咻」的聲音，太陽光熱把小孩子曬成四腳的蜥蜴，被曬成蜥蜴的孩子之父親帶著四位孩子去報仇，決定去征伐太陽。

他們帶了四串小米，放置在耳管（布農族的耳飾是耳管）裡，便啟程出發準備射下太陽的行程。

到達接近太陽的地方，他們射傷了一個太陽的眼睛，太陽遂從天上掉下來。父子五人被太陽抓住，放在手掌心中質問。太陽得知了父子五人報復的原因是因為太陽不讓他們有好收成，又曬死孩子，因此沒有殺死父子五人。

眼睛受傷的太陽請求父子給它一塊布，以便擦拭受傷的眼睛，之後就變成了月亮。月亮於夜晚出現，能夠陰涼大地萬物，但是月亮警惕人們說：「從此以後你們必須依據月亮的陰晴圓缺來舉行祭祀和儀式。」射日英雄們為了不被月亮殺死，就依約根據月亮的圓缺舉行祭儀。本則故事敘述了古代布農族舉行祭祀的因緣與濫觴。

本則傳說故事情節要述如下：

（一）從前有兩個太陽，無止盡的輪流升空。

（二）兩個太陽輪番照射大地，太陽光實在太熱，人們耕作無法有好的收穫成果。

（三）太陽光熱把小孩子曬成四腳的蜥蜴。

（四）被曬成蜥蜴的孩子之父親帶著四位孩子去報仇，決定去征伐太陽。

（五）征伐太陽的父子隊伍終於到達接近太陽的地方。

（六）他們射傷了一個太陽的眼睛，太陽從天上掉下來。

（七）父子五人被太陽抓住，放在手掌心中質問。

（八）被射傷眼睛的太陽得知了父子五人報復的原因是「因為太陽不讓他們有好收成，又曬死孩子」。因此沒有殺死父子五人。

（九）眼睛受傷的太陽請求父子給它一塊布，以便擦拭受傷眼睛的血

液，就變成了月亮。

（十）月亮指示父子從此以後必須依據月亮的陰晴圓缺來舉行祭儀。

本則故事敘述了古代布農族舉行祭祀的因緣與濫觴。

二二、布農族人舉行祭祀之濫觴

採錄者：田哲益

採錄地點：南投縣信義鄉達瑪巒部落地利天主堂

採錄時間：2003 年 10 月 17 日

報導人：南投縣濁水溪線四社尋根研討會

從前有兩個太陽，大地沒有晝夜之分，有許多嬰兒被炙熱的太陽曬死。有一位父親背著他的孩子，向著東方太陽升起之地出發報仇，耳管掛了幾串小米當作路途上的食物。臨走時種了一棵橘子樹說：「當長大結果時，一定會回來。」

經過了幾十年孩子長大了，他們終於找到了太陽，他們躲在茅草後面，將一個太陽的一隻眼睛射傷了。

太陽一隻手壓著被射傷的眼睛，一隻手抓住父子責問，父親告知嬰兒被曬死之事，太陽感嘆地說：「因為你們不舉行祭祀，所以嬰兒會被曬死。」

父親脫下衣服給太陽擦眼睛並且致歉，太陽見其誠懇，就原諒了他們，並且說：「我將變成月亮，當月圓的時候要祭拜我，我就會讓你們的穀物豐收。」

父子回到部落後，把月亮的話說給族人們聽，族人覺得很有道理，

從此月圓時便開始舉行祭祀。

　　本則傳說故事情節要述如下：

（一）從前有兩個太陽，大地沒有晝夜之分。

（二）有許多嬰兒被炎熱的太陽曬死。

（三）一對父子向東方太陽升起之地出發報仇。

（四）經過了幾十年後到達目的地。

（五）一對父子將一個太陽的一個眼睛射傷了。

（六）眼睛受傷的太陽抓住一對父子責問。

（七）太陽曉以一對父子大義「因為你們不舉行祭祀，所以嬰兒會被曬
　　　死」。

（八）父親脫下衣服給太陽擦拭受傷的眼睛並且致歉，太陽見其誠懇，
　　　就原諒了父子倆。

（九）被射傷的太陽將變成月亮，它希望人們月圓的時候祭拜它，將使
　　　族人們的穀物豐收。

（十）一對射太陽的父子返社後告知族人，族人便開始舉行祭祀。

二三、猴子與穿山甲誰被燒死比賽

採錄者：田哲益

採錄地點：南投縣信義鄉達瑪巒部落地利天主堂

採錄時間：2003 年 10 月 17 日

報導人：南投縣濁水溪線四社尋根研討會

從前猴子與穿山甲是好朋友，常常在一起玩耍，有一天牠們走到大茅草原，猴子提議玩捉迷藏，並且看看誰會在茅草原中被燒死。穿山甲趕緊挖洞躲入茅草裡，猴子便一把火燒了茅草原。

茅草原燒光了，但是穿山甲安然無恙。接著輪到猴子躲入茅草原裡，牠因為不擅於挖洞，被穿山甲點燃的一把火給燒死了。

本則傳說故事是猴子與穿山甲比賽誰在茅草原中會被燒死，結果猴子自不量力被燒死了。

二四、巨人的故事

採錄者：田哲益
採錄地點：南投縣信義鄉達瑪巒部落地利天主堂
採錄時間：2003年10月17日
報導人：南投縣濁水溪線四社尋根研討會

從前有一位非常高大的巨人，喜歡騙孩子說要幫他抓頭蝨，並趁機將孩子的腦子吃掉，某天他用同樣的方式吃了一個小孩的腦子。

族人很生氣，決定要殺死巨人，便釀造了很多酒請巨人來喝，人們把巨人灌醉後，有些人用尖銳的石頭丟他，他的頭被石頭敲裂開後腦漿流出，隨即族人合力放火燒了巨人。

傳說在水里鄉頂崁村苗圃下方的濁水溪中有兩塊矗立的巨石，這兩塊巨石曾經是巨人煮飯的石灶。

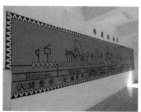 

布農族板曆（布農族是台灣　1994 年 3 月 6 日筆者於達瑪巒部落發現
原住民族唯一有象形文字　的第四塊布農族板曆
的民族）

　　本則傳說故事謂巨人會吃小孩子的頭腦，族人非常惱怒，合力灌
醉巨人，不僅用石頭丟他，又放火燒死了巨人。本故事同時涉及到巨人
的石灶遺址，至今還可以看得到，過去布農族的石灶是「三石灶」，其
中一塊被溪水沖走了，如今僅剩兩塊巨石。

二五、布農族文字落海的故事

採錄者：田哲益

採錄地點：南投縣信義鄉達瑪巒部落地利天主堂

採錄時間：2003 年 10 月 17 日

報導人：南投縣濁水溪線四社尋根研討會

　　傳說布農族的祖先乘舟遷移到台灣，突遇暴風雨，舟船搖晃得很
厲害，不慎把文字掉落在海上無法取回，布農族就沒有文字了。後來有
位祭司把一年的祭儀行事曆以圖形方式畫在木板上，成為祭司祭儀專用
的文字。

本則傳說故事謂原本布農族人是有文字的，某次於遷徙的過程中
將文字丟失了，自此布農族人就沒有文字了。後來，祭司又發明了祭儀
專用的文字刻畫在木板上而成行事曆圖形畫。

二六、布農族集體鳴槍驅鬼

採錄者：田哲益

採錄地點：南投縣信義鄉達瑪巒部落地利天主堂

採錄時間：2003年10月17日

報導人：南投縣濁水溪線布農族四社尋根研討會

古代布農族人驅鬼，全部落的人約在清晨6、7點鐘的時候同時舉
行。先由部落內各戶自己趕走屋內的鬼（鬼都是攀附在屋樑上），用破
鍋盛爐灰到處撒，也到處用小棍棒敲打吊起的鋤頭。

撒爐灰，是由室內到室外，再延伸到部落外。這時候全部落的人
會齊了，男子都攜帶火槍，大家一起發槍，魔鬼聽到此起彼落的槍聲就
被趕跑了，驅鬼的儀式也就完成了，族人就各自回到自己的家。

遠古時代，布農族人稱之為「歷斯卡‧卡尼豆」（Liska qanitu），意
即「信仰鬼神」時代，在這個年代裡，咸信有「鬼魂」（或鬼靈）的存
在，有時候與天神（Di-hanin）的祈禱混雜不分。例如：祈助於祖靈和天
神。祖靈是善鬼（善死者），惡靈即惡鬼（惡死者）；有時又用非常手段
與儀式驅鬼（趕鬼）。

二七、布農族鳴槍驅災

採錄者：田哲益

採錄地點：南投縣信義鄉達瑪巒部落地利天主堂

採錄時間：2003年10月17日

報導人：南投縣濁水溪線布農族四社尋根研討會

....

　　古代布農族人「集體鳴槍」的時機是在部落遇到空前災難或攸關民族存亡的時候舉行，其集體鳴槍時機有下列數種：

(一)驅鬼：部落有人失蹤、有人被鬼魂擄走，引起部落騷動或不安，舉行「集體鳴槍」儀式以驅逐鬼魅、厲鬼。

(二)驅疫：部落有惡疫、流行病或傳染病發生，恐將全族滅絕，舉行「集體鳴槍」儀式驅逐瘟疫與病魔。

(三)驅災：部落有意外災害、有人意外死亡，例如：爬樹摔死、過河溺死、狩獵被山豬咬死、意外墜谷、連續有人死亡等，皆認為天將滅族之象，舉行「集體鳴槍」儀式以驅逐災禍。

　　「集體鳴槍」儀式是全部落的族人於午夜時（或清晨）從自家開始鳴槍，慢慢於村社口集結，再「齊鳴火槍」以驅逐鬼魅，所謂「聲喧驅惡鬼」，把鬼魅自村社口驅逐出境，與中國農曆新年燃放鞭炮「驅邪」意同。

　　目前在布農族地區舉行祭典的時候，仍會有「集體鳴槍」儀式，雖然已經不是過去「驅鬼」、「驅疫」、「驅災」等原始涵義，但是亦有「祈福」與「納福」之意。因此可以說此儀式已經昇華為「求福」、「驅邪」之境界，其象徵意義更為廣闊。至於其他原住民族群的「集體鳴槍」儀

式，大致之意義也與布農族相似。

二八、撒灰、掛刺、打結茅草驅鬼

採錄者：田哲益

採錄地點：南投縣信義鄉達瑪巒部落地利天主堂

採錄時間：2003年10月17日

報導人：南投縣濁水溪線布農族四社尋根研討會

於清晨 5、6 點鐘的時候，每人各自驅趕自家屋內的魔鬼，大人拿著盛有爐灰的葫蘆撒灰驅逐魔鬼。眾人都將惡鬼驅趕至路上後，大家集中在一起，大人們繼續撒灰，小孩們也各持著有刺的柚子葉，這時候社內有槍的人在前面擊槍開道。大家一齊將鬼趕到郊外，將剩下的爐灰撒在路中間，並吐口痰說：「鬼啊！你不要逗留在這個地方，趕快走吧！這裡不是你居住的地方。」然後返回各自的住屋。

回到家時，門上必須掛刺（有刺的樹枝或竹刺），這樣鬼就不敢進入屋內。門內的四角也要各掛打結茅草一個。打結茅草是警告魔鬼不要進入屋內，否則會像茅草一樣被綁結起來。驅鬼儀式完成後才吃早餐。這個時候不可以舉炊燒菜，否則魔鬼會再回來，所以必須在驅鬼儀式之前就要先煮好飯菜。

布農族人的驅鬼儀式——「撒爐灰」類似中國端午節飲雄黃酒，又將雄黃酒遍灑屋舍的角落，如屋角、床底、圍牆的四周及牆縫或貯存食物的庫房，以為清潔屋室。「鳴槍驅鬼」則似漢族春節除夕放爆竹以驅邪。

據南朝梁宗懍《荊楚歲時記》云：「西方山中，棲息身長丈餘之山魈，人見則病，名曰『山臊』。昔人若遇之，則投青竹於火中，竹節轟然爆炸，使山臊驚逃，後人以爆竹代之，以禳邪氣。」由此可知，將青竹投入火中，竹節內空氣受熱膨脹，以致竹皮爆烈，發出巨響，驚走惡鬼，故名爆竹之。

《荊楚歲時記》亦云，在元旦時「先於庭前爆竹，以闢山臊惡鬼」

明‧馮應京《月令廣義》云：「除夕爆竹，所以震發春陽，除消邪厲。今人遂以為戲而傾費爭雄，殊失本意。」

又唐‧劉禹錫〈畬田行〉云：「明潭出老蛟，爆竹驚山鬼」。故爆竹原始意義係驅邪祓厄。

布農族人於驅鬼後，門上須「掛刺」，門內四角各掛「茅結」一個，則類似中國端節懸蒲艾驅邪魔、作艾虎避邪、掛鍾馗像驅邪避魔、貼天師符及硃砂符驅瘟避邪，及貼赤靈符、五毒符和五毒圖之避邪圖案。

二九、布農族竹刺防疫

採錄者：田哲益

採錄地點：南投縣信義鄉達瑪巒部落地利天主堂

採錄時間：2003 年 10 月 17 日

報導人：南投縣濁水溪線布農族四社尋根研討會

古代布農族人當鄰村有瘟疫流行的時候，在通往該部落的路上會放上竹刺（以竹削尖）六個或有刺的植物，及打結茅草十個結（以茅草

打結），分別插在路上。

設置完畢後，在這三樣辟邪物的後面燒起火來，祈禱說：「魔鬼啊！你不要進來，這裡有刺，會把你刺死；你會像茅草一樣被綁結，把你吊起來！」以前布農族人認為病魔來自他處，所以在其部落內極不願意他族或其他部落的人混入，尤其是在附近之部落發生傳染病時，必須作遮阻防疫之壓邪巫術。

古代布農族人之部落曾有感染天花，致整個部落或氏族全數死亡之前例，所以族人極度恐懼之，故非常重視防疫。布農族人於每年4月份缺月之時會舉行驅疫祭儀（驅疫祭），驅除瘟疫、天花、眼疾等疾病。

這是一則布農族人保健清社的醫療巫術儀式的故事，布農族人每年約四月份的時候，還有特別舉行的驅疫祭儀式，把家裡、部落的邪魔和病魔驅逐出境。

三十、丹社群遷徙故事

採錄者：田哲益、全妙雲

採錄地點：南投縣信義鄉達瑪巒部落

採錄時間：2003年11月15日晚上

報導人：全紹仁（Na-kas），丹社群・滿各各氏族人

日治時代，丹社群人被日本人強迫遷徙，大部分的族人都遷往花蓮去了，但是只有少數幾家不從，堅決繼續留居在舊社。

遷往花蓮的丹社群族人一直引誘其他族人，他們說花蓮的獵物眾

多，連山羌晚上都會與人睡覺，所獵獲的鹿皮堆起來與山之高，山豬還會對人扮鬼臉，可是族人仍不為所動。

由於日本人堅持丹社人全數遷徙，因此我們先移住卡尼德岸社（Qanituan）很短的時間，再遷住「Musu」（合流坪）及「Quas」（姑姑山或稱黑黑谷），最後才搬到達瑪巒部落（Tamaluan）至今。

日本人本欲把丹社群人遷住民和，但是民和是平地，丹社人認為高地環境較能適應，因此日本人將他們遷移至達瑪巒部落。

丹社群人是最晚遷徙達瑪巒部落的社群，所以分到的土地比較少。先幾年遷徙地利部落的卡社群人，不讓丹社群人移住達瑪巒部落，最後在日人的強制下，還是勉強定居了下來。

本則傳說故事是達瑪巒部落丹社群人遷徙歷史，期間遭遇許多挫折。丹社群人雖然人數不多，不過後來在本部落於政經方面的表現卻非常突出。例如：全紹仁擔任過村長、鄉民代表、信義鄉長、南投縣議員等職；松維新擔任過縣議員等職；全茂松、金列光、金雅惠擔任過村長；金雅光、全秀香、全茂林擔任過鄉民代表；松世昌、全淵能、田天賜擔任小學教師；金興國、金烈堂擔任數十年基督長老教會牧師；松明華擔任衛生行政工作；金秋漢、田金山擔任警職；全淵源任職信義鄉農會等，人才輩出。

三一、布農族祖先遷徙故事

採錄者：田哲益、全妙雲

採錄地點：南投縣信義鄉達瑪巒部落

採錄時間：2003年11月15日晚上

報導人：全紹仁（Na-kas），丹社群‧滿各各氏族人

....

　　傳說布農族祖先編織了一條竹筏，隨著海上波浪漂流到了台灣的鹿港海岸，後來漢族人來了，便攻打祖先，族人死傷不少，於是逃到南投居住，在這裡定居了一段時間。

　　爾後，漢人又前來占領，祖先的武器落後，不敵漢人，於是又沿著濁水溪躲到高山上生活，至日治時代才又遷居現址。

　　這是一則布農族遷徙史的傳說故事。本則故事與布農族在台灣遷徙的部分頗為吻合，情節看似簡單，卻道盡了布農族祖先辛酸無奈的心路歷程和被統治的悲哀，至於從哪裡漂流到了鹿港，則耐人尋思。

三二、達納畢馬氏族的祖先

採錄者：田哲益、全妙雲

採錄地點：南投縣信義鄉達瑪巒部落

採錄時間：2003年11月15日晚上

報導人：全紹仁（Na-kas），丹社群‧滿各各氏族人

....

　　從前「達納畢馬」氏族的祖先，住在彰化的鹿港，他們一直沒有生下小孩。有一個晚上，丈夫做了一個夢，夢見有神人指示：「想要生孩子，必須要用蛇褪脫下來的蛇皮，輕輕地打在妻子的肚子上，妻子就會懷孕了。」丈夫信以為真，就去森林中找來了蛇褪脫下來的蛇皮，輕輕

地打在妻子的肚子上，果然妻子真的懷孕了，他們一共生下了三男二女，後來「達納畢馬」氏族的人口逐漸興旺。

這是一則「達納畢馬」氏族繁衍興盛的傳說故事。「達納畢馬」氏族的祖先在夢中受到了神人的指示，指導以蛇褪脫的蛇皮輕輕打在妻子的肚子上，就生下了子嗣，後來該氏族的人口逐漸繁多。

三三、人變猴子的故事

採錄者：田哲益、全妙雲

採錄地點：南投縣信義鄉達瑪巒部落

採錄時間：2003年11月15日晚上

報導人：全紹仁（Na-kas），丹社群‧滿各各氏族人

....

從前輪工組在山上採收小米，傍晚回到主人家的時候，還沒有開飯。有一個人非常貪吃，就打開鍋蓋拿起還正在煮的芋頭圇圇吞棗的吃了三個，因為芋頭還沒有煮熟，導致難以下口，他的喉嚨癢得不得了，便抓著脖子咳個不停，他急得拿水來喝，還是沒有辦法止癢，且愈發嚴重。他實在受不了，就爬到樹上跳來跳去，族人見狀，要把他抓下來，可是他的行動越來越敏捷，根本無法抓到他。他越跳越遠，一棵樹緊接著一棵樹跳去，遠離了部落，在森林裡變成了猴子。

本則傳說故事敘述一位貪吃的人因為吃了未煮熟的芋頭，喉嚨奇癢無比，爬上樹跳來跳去，最後在森林裡變成了猴子。

三四、人與星星姑娘結婚的故事

採錄者：田哲益、全妙雲

採錄地點：南投縣信義鄉達瑪巒部落

採錄時間：2003年11月15日晚上

報導人：全紹仁（Na-kas），丹社群・滿各各氏族人

....

　　有一位男子與星星姑娘結婚，起初夫妻與家人生活尚稱美滿。有一次星星姑娘回天上的娘家探親，回來時帶了葫蘆的種子，她便把葫蘆種子種在小米田裡，葫蘆迅速成長占滿了小米園，因此小米都乾枯而死。

　　星星姑娘的公公見狀，便把葫蘆全部拔掉，並且用一把火給燒了，星星姑娘也隨著煙火回到了天上。

　　本則是人與星星姑娘結婚的傳說故事，但是因為公公把她從天上帶來的葫蘆燒掉，於是星星又隨著煙火回到天上去了，而人類與星星姑娘的姻緣也就此結束了。

三五、嬰兒變成百步蛇的故事

採錄者：田哲益、全妙雲

採錄地點：南投縣信義鄉達瑪巒部落

採錄時間：2003年11月15晚上

報導人：全紹仁（Na-kas），丹社群・滿各各氏族人

....

從前有一對夫妻，帶著男嬰到田裡工作，他們把小孩子放在茅草屋裡讓他睡覺。當他們工作累了，休息一會兒，想起正在茅草屋裡睡覺的孩子，便前去探視，結果孩子不見了，蓋被裡竟然蜷曲著一條小蛇——孩子變成了小百步蛇。小百步蛇看到父母親前來，一直吐著「蛇信」，傳說百步蛇看見紅布便會讓路，於是父母親撕了一塊紅布後，小百步蛇果然爬出了茅屋外，又對父母親吐著「蛇信」，狀似告別，便離開前往深山裡去了。

本則故事謂布農族的禁忌信仰，古代布農族人不會殺百步蛇，更不會食用牠們，因為他們咸信百步蛇是布農族的小孩子變成的，這種觀念傳承至今。

三六、百步蛇是布農族人的小孩

採錄者：田哲益、全妙雲

採錄地點：南投縣信義鄉達瑪巒部落

採錄時間：2003年11月15日晚上

報導人：全紹仁（Na-kas），丹社群・滿各各氏族人

古時候，有一名婦女餵乳她的小孩，哪知小孩把母親的奶頭咬斷了，母親認為這小孩是怪物，便把他棄養，抱到山上一塊大岩石洞內，並且按時送食物餵育，小孩兒後來竟然變成了一條會說話的百步蛇。母親見狀，便對小孩兒說，你必須逃的遠遠的，不要被人看到，否則會被殺死，小百步蛇便逃避人類到很遠的深山中隱藏起來了。

本則故事謂百步蛇是布農族人的小孩，因為把母親的奶頭咬斷了，被認為是不祥的怪物，便棄養於岩洞內，結果變成會說話的百步蛇，但是母親還是很關心牠，叫牠隱蔽山林，以免被人殺死。

三七、百步蛇報復布農族人的故事

採錄者：田哲益、全妙雲

採錄地點：南投縣信義鄉達瑪巒部落

採錄時間：2003年11年15晚上

報導人：全紹仁（Na-kas），丹社群‧滿各各氏族人

布農族人很懼怕百步蛇，傳說百步蛇是公母成雙成對行動的，而且百步蛇具有報復性的行為。傳說，有一個人上山工作，看到一隻百步蛇在路上阻擋去路，便把牠打死，結果另外一隻百步蛇躲在暗處，仔細的把那個人的長相以及味道記起來。有一天，百步蛇就躲在路邊草叢裡等候殺死牠同伴的人，待那人經過時，便出其不意的竄出來把那個人咬了一下迅速逃開，被咬的人過不久便死了。

本則故事是告訴布農族人看到百步蛇絕對不要殺牠，因為牠的同伴一定會採取報復行動，古代布農族人都很遵守這個禁忌信仰。故事謂百步蛇是公母成雙成對行動的，殺死一隻百步蛇，另一隻百步蛇會採取報復，因此古代布農族人絕對禁忌殺死百步蛇。

三八、震怒的百步蛇媽媽

採錄者：田哲益、全妙雲

採錄地點：南投縣信義鄉達瑪巒部落

採錄時間：2003年11月15日

報導人：全紹仁（Na-kas），丹社群‧滿各各氏族人

....

　　從前蛇與人類住在一起且和平相處，有一條百步蛇媽媽，布農族人喜歡帶牠一同去打獵，因為牠狩獵技巧高超，常獵獲豐盛。

　　有一回，蛇媽媽又與布農族獵人去打獵，蛇媽媽交代一家人幫忙照顧牠的蛇兒女。由於蛇兒女總是蠕動不安分，照顧蛇兒女的人類就把牠們綑綁起來。

　　過了三天後，獵隊與蛇媽媽凱旋歸來，蛇媽媽回家看不到兒女，便急問照顧的人說：「我的小孩在哪裡？」照顧的婦女暗叫不妙，趕忙去把繩索解開，可是蛇兒女全死了。蛇媽媽非常震怒，咬死了全村的布農族人，據說當時只有一位布農族人得以倖免。

　　這是一則將百步蛇人格化的故事，也是布農族人「天地萬物一體」的思維概念。萬事萬物本是可以和平共處的，只要有一方破壞了這個和諧的機制，宇宙就變得不再平和。

1|2

1. 百步蛇擋住去路，傳說拿出一塊紅布，蛇就會讓路

2. 傳說古代布農族與蛇是好朋友

三九、布農男子穿耳洞的由來

採錄者：田哲益、全妙雲

採錄地點：南投縣信義鄉達瑪巒部落

採錄時間：2003年11月15日晚上

報導人：全紹仁（Na-kas），丹社群・滿各各氏族人

　　古時候，大地經常氾濫成災，人們也經常逃避災難，每一次洪水來襲的時候，整個家產都被吞噬殆盡，就連食物也都被沖走，人們過著飢荒挨餓的苦難日子。

　　由於人們經常逃難，非得想法子保存食物不可，以免逃難中沒了食物可以吃。

　　於是有了在男子耳朵穿耳洞，以便放置細竹管，竹管內可以裝藏數百粒小米，如此保存食物的方法。自此之後，布農族男子便開始穿起耳洞來了，女子則不穿耳洞。

　　本則故事謂一粒小米即可飽餐全家人，可是經常鬧水災，來不及攜帶食物，於是就想到男子穿耳洞，插入細竹管於耳垂下，以便裝藏小米的方式，這樣再遇到洪患就不怕沒糧食可吃。同時也說明了古代布農族只有男人才會穿耳洞。

四十、布農族五大社群的故事

採錄者：田哲益、全妙雲

採錄地點：南投縣信義鄉達瑪巒部落

採錄時間：2003年11月15日

報導人：全紹仁（Na-kas），丹社群‧滿各各氏族人

．．

　　傳說布農族發跡於巒社的 Asang-daingaz（阿桑待納日）部落，相傳在遠古時代，有五位兄弟分家，他們各自遷居到卡社山、卓社大山、東巒大山周邊、郡大溪上游，以及丹大東、西溪交匯處各自繁衍生活，後來就變成了布農族的五大社群。布農族五大社群為同祖源之關係，惟歷經久遠，同宗意識已臻至模糊，因此古代五部族會互相械鬥與獵首，可見五部族分化甚久矣。

　　本則傳說故事敘述布農族目前的五大社群原先是五位兄弟，發跡於巒社的 Asang-daingaz 舊社，後來各自發展自己的生活領域，形成了布農族的五大社群。分別是：巒社群、丹社群、卡社群、卓社群、郡社群。而「蘭社群」（Takapulan），目前已經混融於郡社群裡。

四一、布農族卓社群與卡社群之關係

採錄者：田哲益、全妙雲

採錄地點：南投縣信義鄉達瑪巒部落

採錄時間：2003年11月15日

報導人：全紹仁（Na-kas），丹社群‧滿各各氏族人

．．．

　　卓社群（Taki-tudu）據說是由卡社群（Taki-bakha）分支而立者。卓社是取其祖「Tudu」之名，則本社群之命名法是「祖先名型」。

　　古代卡社群和卓社群，是共同抵禦外侮的密切夥伴，平時互動多，關係至為親密。傳說卓社群人與卡社群人是一起舉行祭典的祭祀團體，有一年舉行小米祭典的時候，下著傾盆大雨，卓社群人無法過河到對岸參加祭典。因為族人很重視祭典，不知該如何是好，卡社群人就想起把祭典法器丟給對岸的卓社群人，讓他們自己舉行祭典，但法器（獸骨）很輕，就綁著石板一起丟過去，雖然石板丟過河了，但法器（獸骨）卻被水流走了。爾後，卓社群人舉行小米祭典的時候，改由石板作為法器，即由此而來。自此卓社群人也自卡社群分立了。

　　從這個傳說故事來看，卓社群與卡社群之分立緣於兩個社群祭典分別舉行開始。古代卡社群與卓社群分別居住在河流的兩岸，後因溪河暴漲，使兩地交通產生阻隔，以致無法繼續往來，此後，卓社群便自立門戶。據從生活習俗等多方面觀察，卡社群與卓社群在許多特質上確實相互貼近。

四二、丹社群與巒社群之關係

採錄者：田哲益、全妙雲

採錄地點：南投縣信義鄉達瑪巒部落

採錄時間：2003 年 11 月 15 日

報導人：全紹仁（Na-kas），丹社群‧滿各各氏族人

　　丹社群之分立，據傳約 300 年前，巒社群的達納畢馬（Ta-na-pi-ma）氏族中，有一位叫作「法丹」（Vatan）的人，離開巒社到丹社居住。法丹（Vatan）居住之地距離巒社很遠，往返需要兩天，巒社舉行祭典的時候，「法丹」就會趕回來參加。有一次法丹沒能按時到達，因此沒有趕上祭典，他因巒社沒有等候即先舉行感到非常生氣，遂憤而自立門戶，與巒社不相往來。

　　「法丹」後來成了丹社群的始祖，丹大社稱為「阿桑‧法丹」（A-sang vatan），丹社群則稱「達給‧法丹」（Taki-vatan），則丹大社地名與丹社群之命名都是屬於「祖先名型」。

　　另一傳說，古代有一位叫做「Vatan」（法丹）的人，他把上山狩獵剩餘的糧食小米，種植於某地，沒有想到小米竟然長得非常之好。他發現這裡的土地很肥沃，於是有了長居的念頭，久而久之就脫離了母社而自成丹社群。

　　丹社群（Taki-vatan）傳說係巒社群（Tak-banuaz）之分支，據調查，構成丹社群氏族之內容，大致與巒社群相同，無甚出入，因此可以證實丹社群由巒社群分立而出者，殆無疑義。

四三、卡夫大日巫師傳奇

採錄者：田哲益、全妙雲

採錄地點：南投縣信義鄉達瑪巒部落

採錄時間：2003年11月15日

報導人：全紹仁（Na-kas），丹社群‧滿各各氏族人

......

　　傳說「馬拉飛部落」末代大巫師「卡夫大日」（Qa-vu-taz），曾經與漢族人比較巫術高下。他能夠把豬「死咒活」，但是漢族人巫師只能把豬「活咒死」，最後「卡夫大日」巫師得到了勝利。

　　有一說，「卡夫大日」大巫師於日治時曾經與住在台中的「Ka-ha-bu」（卡哈布族，為平埔族之一）在廟裡比較法力，結果「Ka-ha-bu」的巫師吐血內傷。

　　又有一說，「卡夫大日」大巫師在溪水上與漢族巫師比較法術，漢族巫術可以將溪水止流（使水停止不動，不再繼續往下游方向流動），但是「卡夫大日」大巫師的法力卻可以使溪水逆流（反方向流動）。不僅如此，「卡夫大日」大巫師可以讓小石頭跳舞，也可以讓一顆完整的雞蛋塞入瓶口很小的酒瓶裡，而雞蛋仍然完好不破。

　　本傳說敘述了「馬拉飛部落」末代大巫師「卡夫大日」的傳奇故事，其巫術之高強，令人嘖嘖稱奇。筆者田哲益曾經採錄過「卡夫大日」大巫師，對於他傳奇的巫術，在本書「馬拉飛部落」的神話與傳說故事章節裡，有非常詳盡的紀錄。

四四、布農族巫師治病

採錄者：田哲益、全妙雲

採錄地點：南投縣信義鄉達瑪巒部落

採錄時間：2003年11月15日

報導人：全紹仁（Na-kas），丹社群‧滿各各氏族人

古時布農族人生病，會認為是被魔鬼「打」（pa-na-kan-qa-nitu），所以才發生病痛。

布農族人會視病情之輕重，應巫師要求殺雞或殺豬，病情嚴重則殺豬，才能夠趕走病魔。巫師施法以右手指沾血，沾點在病患之唇上或前額，從上而下劃之，祈咒說：「魔鬼啊！離開吧，不要再纏著這個人，我已經殺豬祭饗您了，也替病人塗上血了，離開吧！他是一位好人，不要再纏著這位病人了，讓他迅速恢復健康吧！」

隨後巫師拿起鐮刀，在病人的周圍及上空，交叉作聲，驅趕病魔，並且威脅恐嚇病魔說：「你看，我手上有鋒利的刀，病魔啊！快點走吧！不要再留在這裡了，你現在不逃走，晚了，就會來不及了。」說完就將刀擺置在病患身邊，做為守護及抵抗魔鬼的力量。

接著就將豬身（或雞身）各個部位，如內臟、肝、肺、心臟、腸子、舌頭、耳朵等烹煮之。

然後豬身（或雞身）各個部分各切一小片作為祭品，用竹子穿串起來，左手持著，右手拿著一撮的爐灰，在病患及其家人的周圍撒灰，遍及室內各處，一面祈咒說：「魔鬼啊！你仔細看吧！我們殺了一頭豬祭饗你了！魔鬼啊！您趕快離開吧！不要逗留在這裡」。

巫師繼續揮動著芒草，將魔鬼從室內趕至郊外，一路撒灰念咒

語。巫師用竹子穿串起來的肉為餌，引誘魔鬼離開，並念咒語：「走吧！走吧！走吧！不要再回來了，這些肉都是給你吃的。」跟隨趕鬼（Mapudan-qanitu）者，沿途鳴槍至社郊，巫師把竹串祭肉掛在樹草或放在石頭上，結束此行驅逐病魔的儀式。

返家的路上還是繼續撒灰，讓鬼不知道回來的路。到達村社口，打結茅草於社口兩旁，以杜絕魔鬼回來。

巫師進入屋內，又將病人旁邊的刀拿起來，在病患的四周交叉作響，再把刀放回病患身邊。而布農族人亦在各自家屋門上放置有刺的植物，杜絕魔鬼進入。

巫師做完法事之後，切點祭肉煮給病人吃，剩餘則大部分送給巫師。另外病患家屬還須隨心誠意贈送巫師酬禮，巫師拿著酬謝禮在病患頭上盤旋幾回，並向天神祈咒說：「看哪！病患拿了某某物來取悅你，希望你讓他脫離疾病，永遠健康吧！」至此儀式順利完滿。

中國端午節在門口懸掛菖蒲和艾葉，這是道教中「和合二仙用菖蒲、艾草刀」的說法，希望藉此驅妖避邪、鎮宅平安。而布農族打結茅草，則把病魔綑綁吊起來，巫師用刀或鎌刀交叉作響，是一種威脅的巫術，讓病魔害怕。最有意思的是求助者要隨心贈送謝禮給巫師，因為巫師的咒禱文裡面也會把求助者贈送的謝禮報告出來，例如：「這個病患的家屬贈送了鐵鍋一個、山獸肉、小米和地瓜、芋頭、花生、綠豆等，非常豐富，很有誠意。誠懇請求歷代先師，幫助我永遠把來到這個家的病魔驅除吧！」如果沒有謝禮，病人的病情恐怕就不好治癒了。

四五、布農族黑巫術殺人

採錄者：田哲益、全妙雲

採錄地點：南投縣信義鄉達瑪巒部落

採錄時間：2003年11月15日

報導人：全紹仁（Na-kas），丹社群‧滿各各氏族人

────────────────────────────

　　古代有一種專門殺人的巫師，他會到欲殺的人之家屋採取泥土帶回家，然後把泥土放在鐵鍋裡煮，念咒語把他們的靈魂召來。沒多久，這家的人便會相繼生病死亡。所以古代布農族人不敢得罪黑巫師（Matas-ii）。

　　本則傳說故事敘述古代布農族有一種巫師是專門殺人的，族人都不敢冒犯他，否則會被他的黑巫術施法。黑巫師或黑巫術稱為「馬達斯異」（Matas-ii）。布農族的巫術分為白巫術和黑巫術兩大類，白巫術主要是治病，黑巫術主要是捉弄人或殺人。大多數的巫師都僅精通一種，少數則兩者都精通，且巫術大多是師承的，極少數是自通的。

四六、布農族隔離惡疾病患者

採錄者：田哲益、全妙雲

採錄地點：南投縣信義鄉達瑪巒部落

採錄時間：2003年11月15日

報導人：全紹仁（Na-kas），丹社群‧滿各各氏族人

　　古代布農族家中如果有人罹患了 Halang-kulkul（瘧疾），則必須實施隔離，家人皆不與病患共食舉炊，也不能與之共用飲水，另外在主屋左邊或者是後面建築一間簡單的小屋，讓病患住在那裡，並按時送去飯菜。

　　日治時期把瘧疾病患集中隔離，達瑪巒部落有一個地方叫做「卡尼豆」（Qanitu），即「有鬼的地方」之意。此處曾是瘧疾病患的隔離所，由於死了很多患者，此地較為陰森，故有此名。

　　麻疹布農族語為 Pal-bu-nu-kan（巴爾布努幹），古代布農族人亦把麻疹視為可怕的病，一旦得了麻疹就實施隔離，在田園裡建造簡易的草寮，把病患完好安置。古代沒有醫治麻疹的特效藥，對於麻疹病患者也沒有很好的醫學常識，故得此病必然死亡，甚至可能會殘疾或引發小兒麻痺症等。

　　這是一則古代布農族人對於瘧疾、麻疹流行傳染性疾病的防治之道。我們非常驚嘆，在古代布農族醫療不發達的時代，卻能夠知道採取隔離的方法，以杜絕惡疫蔓延，這是一種先進的思想，令人欽佩。

四七、布農族久旱求雨

採錄者：田哲益、全妙雲

採錄地點：南投縣信義鄉達瑪巒部落

採錄時間：2003年11月15日

報導人：全紹仁（Na-kas），丹社群‧滿各各氏族人

布農族人求雨無一定的節期，遇旱即求之，大致春旱、夏旱、秋旱即為求雨之時。布農族人除巫師外，凡人亦可祈雨，且由女人祈雨，有三種方法：

(一)埋動物：埋青蛙及有尾的四腳動物（一般是蜥蜴）於土內，可使天
　　降甘霖。

(二)澆猴頭：自獸骨骸小屋（古代布農族人部落中有一個敵首架，一般
　　人的家屋旁都會有獸骨架）中取出猴子的頭骨來，用瓢盛水澆它，
　　並祈禱下雨。

(三)樹枝沾水：白天由一個婦女採一枝帶葉的樹枝到河邊，沾水向天禱
　　告下雨。

這是布農族人久旱求雨的故事。在其他布農族部落還採錄到求助癩蛤蟆和螃蟹的傳說。在大洪水淹沒大地的時候，族人逃難到玉山頂上，台灣島只剩下玉山頂和卓社大山頂，氣候非常冷，只有在卓社大山頂上有微弱的火光發出，人們便派癩蛤蟆去取火種，因此相信癩蛤蟆會幫助布農族人向天神求雨，降下甘霖。

四八、布農族久旱祈螃蟹下雨

採錄者：田哲益、全妙雲

採錄地點：南投縣信義鄉達瑪巒部落

採錄時間：2003年11月15日

報導人：全紹仁（Na-kas），丹社群・滿各各氏族人

　　旱災發生的時候，全部落的布農族人，無論男女老幼，會到河流舉行「求雨」儀式，全部落的人在河流裡翻開水中的石頭找螃蟹，並且大聲吶喊，讓螃蟹聽到族人的祈求，進而向上天報告。據說舉行了這個儀式，不久天就會下起大雨，解除旱象。螃蟹曾經在洪水氾濫大地的時候，用牠利剪般的鉗鋏夾斷了堵住溪流的蛇，於是洪水終於洩退了。由於螃蟹曾經救過布農族人，所以發生旱災的時候，就會想到至河流尋求螃蟹救助。

　　布農族的大洪水神話，是螃蟹把堵住洪水往海流的蛇剪斷了，洪水就流進大海了，大地又恢復了，牠拯救了人類，所以人們相信螃蟹會幫忙求雨。部落的族人，全社大大小小小到河流去，大聲喧嘩並翻開大小石頭，把螃蟹叫醒，讓螃蟹知道人們祈求牠下雨止旱

四九、布農族久雨求晴

採錄者：田哲益、全妙雲

採錄地點：南投縣信義鄉達瑪巒部落

採錄時間：2003年11月15日

報導人：全紹仁（Na-kas），丹社群・滿各各氏族人

　　布農族人相信「心誠則靈」，倘若久雨不止時，會祈神止雨求晴。他們認為水災或是凡間人眾犯了天忌，天災厄於人的，於是就有這樣的巫術活動。

　　此儀式任何男子都可以參與，通常求晴的方法有三種：

（一）焚猴骨：由一個男子先在空地上堆乾草，並縱火燒起來，然後到獸骨屋或獸骨架中拿出猴子的頭骨來，丟入火中，向上天祈禱云：「太陽請你趕快出來吧！雨下太久了，苦死我們了，請接受我們的請求。」說完，將猴子頭骨自火中拿出來，再放回獸骨屋或獸骨架中。

（二）鍋覆嬰孩：家中如果有剛出生幾個月的小孩兒，於夜晚時，大人把小孩兒抱出屋外，用小鍋覆蓋著小孩兒，向上天祈禱說：「下雨已經很久了而不晴開，我們非常辛苦，請可憐我們，請快點放出晴光吧！」

（三）鍋覆松火：晚上在屋外堆聚松樹枝葉，縱火焚燒之，然後拿小鍋把火蓋起來。向天神禱告說：「我們的衣服快要爛了，趕快晴朗吧！我們快沒有衣服穿了，我們會冷死，求求你憐憫我們！」

　　台灣地區，每年到了5、6月及7、8月分別是雨季頻繁時期，此時就是布農族人求晴之時節。

五十、布農族久雨竹刺驅災

採錄者：田哲益、全妙雲

採錄地點：南投縣信義鄉達瑪巒部落

採錄時間：2003年11月15日

報導人：全紹仁（Na-kas），丹社群・滿各各氏族人

　　久雨不晴的時候，布農族人在屋頂上放置「竹刺」，竹刺朝向天空，放置時口中咒念：「雨啊！請不要繼續下啊！我們已經放置了竹刺，若你繼續下雨，將會被竹刺遍體刺傷，請不要再繼續下雨。」巫師則會到瀑布的中央放置「竹刺」，竹刺朝上，亦禱咒說：「雨啊！請看竹刺，將會刺傷你，請勿再繼續下了！請立即停止。」

　　本則故事布農族人用強烈的巫術手段，強制「天」停止落雨。

五一、布農族颱風驅災

採錄者：田哲益、全妙雲

採錄地點：南投縣信義鄉達瑪巒部落

採錄時間：2003年11月15日

報導人：全紹仁（Na-kas），丹社群・滿各各氏族人

　　每當颱風季節，布農族人就會以巫術的力量防禦「風」之侵襲。族

人在屋頂上颱風吹襲的方位，以削尖的竹，面迎風的方位，以「刺」風之來襲，放置防禦竹刺，口中咒念：「強風啊！請你不要繼續吹拂過來，請你繞道而行，我們這裡已經放置了竹刺，若是你硬要來襲，你的胸部將被竹刺而受傷，所以請你不要從這裡經過，請你繞行而過吧！」

這也是用強烈的巫術手段阻止颱風來襲的方式。

五二、布農族除穢項鍊

採錄者：田哲益、全妙雲

採錄地點：南投縣信義鄉達瑪巒部落

採錄時間：2003年11月15日

報導人：全紹仁（Na-kas），丹社群‧滿各各氏族人

「Ngan」項鍊是布農族婦女（為人母者）的頸飾，Ngan為一種草本植物，此種草根略有香味，把草根剪成一段一段，用麻繩穿串即成項鍊。這是一種避邪物，當孩子哭鬧不停，以為邪魔作祟，就取一段草根在嘴上嚼一嚼，再塗抹於孩子的額頭上，意謂驅除邪魔，並口誦：「惡魔離去，我已經將Ngan塗抹於孩子的額頭上，請你迅速離開。」

此方法也用於太陽下山要回家時，或是要離開某地的時候，也要「叫魂」（叫小孩的魂靈一起回家），母親自頸項中嚼一段Ngan草根塗抹於孩子的額頭上說：「我們要回家了。我們也一起把孩子帶回家，鬼靈啊！請不要把他的魂靈留在這裡。」

中國人自古以來講究服飾，特別是針對小孩設計了用以驅邪、除瘟、避蟲害的服飾。如男兒多以虎形編錢繫於胸前，或以虎頭繡紅兜，因為虎代表雄壯，象徵男兒英雄氣概，同時有驅邪的作用；女孩則配以精緻的香袋與香包，內裝雄黃、樟腦等，繫於襟帶，玲瓏可愛，有除瘟、避蟲的作用，凡此皆為祈福的象徵。

古代布農族婦女，也有類似隨身配掛之祈福避邪項鍊。Ngan 項鍊為布農族人的除穢器物，可見布農族婦女之服飾藝術不僅重視美觀，還兼具守護之效。

五三、吃人的班班呆納兒大耳朵鬼

採錄者：田哲益、全妙雲

採錄地點：南投縣信義鄉達瑪巒部落

採錄時間：2003 年 11 月 15 日

報導人：全紹仁（Na-kas），丹社群‧滿各各氏族人

傳說「班班呆納兒」（Banban-tainga，意為大耳朵）鬼，長得非常高大，有一對大耳朵，他會偷偷抱走布農族人的小孩，帶到深山去，也會吃人，所以人們很懼怕他。大耳朵鬼善於異容變身術，用以騙取小孩子，搖身一變成為孩子的親人，藉此誘拐孩童。

「班班呆納兒」大耳朵鬼，是布農族「鬼」的其中一種。古代布農族人，當小孩子胡鬧不聽話的時候，就會警告孩子說：「不要再胡鬧了，不然晚上會被大耳朵鬼抱走。」小孩子就安靜聽話了。

卓社群人亦稱「大象」為班班呆納兒（Banban-tainga），可以想像布農族人的「班班呆納兒」鬼的耳朵之大了。（洪明江報導，卓社群‧巴林西南氏族人，2011年8月26日）

五四、卡那西里斯鬼的故事

採錄者：田哲益、全妙雲

採錄地點：南投縣信義鄉達瑪巒部落

採錄時間：2003年11月15日

報導人：全紹仁（Na-kas），丹社群‧滿各各氏族人

「卡那西里斯」鬼是布農族人最常提起的鬼魅。此鬼魅看起來就像人，頭上有角，嘴巴腥紅，牙齒很大，指甲也很長。經常擄走酒醉落單的人和小孩子，帶到懸崖無人能攀爬的地方，再把人吃掉。如果大人在家喝酒，他也會偷偷把小孩抱走，然後吃小孩的腦。

部落發生這種事情，就會開始鳴槍驅鬼，並且迅速追趕，使「卡那西里斯」鬼放棄被擄走的人，族人就得以順利尋獲被擄者了。據說被擄走的人身上會發出一股濃烈的腥臊味，數十天後才會消除；且事後對於被俘虜一事，完全不知情。

五五、達瑪巒部落的巫師

採錄者：田哲益、全妙雲

採錄地點：南投縣信義鄉達瑪巒部落

採錄時間：2011年07月28日

報導人：松世昌（Qusung），丹社群‧達斯奴南氏族人

．．

　　日治末期，達瑪巒部落還有三位巫師，分別是莎龍、伊布、迪洋三位。

（一）Sa-lung（莎龍）：女，她的巫術是 Ma-ti-haul（治病）以及 Qat-su-qes（破巫蠱之術）。所謂「破巫蠱之術」就是患者被其他巫師施以黑巫術（Ma-tas-ii），患者要求破解「他巫」之巫術，讓其恢復正常生活，從此身體健康。治病之酬禮依求治者經濟能力量力奉禮。如果是破解巫蠱之術，則奉禮較一般之禮須厚重些。

（二）Ibu（伊布）：女，其巫術為 Ma-ti-haul（治病）及 Ma-kat-vil（招魂、招物、尋物）。

（三）Ti-iang（迪洋）：男，其巫術為 Ma-ti-haul（治病）及 Ma-kat-vil（招魂、招物、尋物）。Ti-iang（迪洋）的法力能使圓石直立，同時他也是 Ma-tas-ii（黑巫術）的施法者。

　　布農族所謂的「黑巫術」，是相對於治病、招魂、招物、尋物的「白巫術」而言。「黑巫術」施法大致的內容是：施術使死、使歪嘴、使肚子痛、使奇癢、使阻礙不順利、使於大眾出糗、使精神錯亂、使得難症、使夫妻離異、使兄弟失和、使家庭殘破等。但是「黑巫術」也有正

面的，例如：施術使不相愛之人彼此相愛、懲罰惡人（行為暴戾囂張、通姦、不參加祭儀、竊盜）等。

五六、布農族著名的八部合音之〈祈禱小米豐收歌〉

李哲洋〈山胞音樂提示〉云：「在台灣光復前一年，專程前來台灣搜集音樂的日本學者黑澤隆朝，最近根據他僅存的錄音資料灌製成唱片，第一首曲子便是他最得意而令海內學者震驚的布農族之粟祭歌（即豐收歌）。這是眾人以平行疊音、聲部逐步增加、運用猾音的方式逐步升高的歌聲，整個效果聽來有如飛機的發動引擎至於起飛。布農族與曹族（鄒族）一樣，擅以自然和聲（主三和弦）的方式來合唱，甚至俗歌亦如此，可以說十足是和聲的種族。據黑澤的推理，這是他們十分喜歡演奏弓琴之故。這種弓琴是衝住弓，靠口腔來共鳴，於是培養成自然泛音式的和聲感。尤其他們有些號角調的 Mi 偏低這件事，足以證明。也因此有西洋小調的傾向，這一點是略不同於曹族（鄒族）的號角調，蓋曹族（鄒族）號角調的西洋式大調傾向是很肯定的。」

布農族的合音，在民族音樂學上可說是世界民歌寶庫之一，在他們長期虔誠淳樸的歌唱中，發展了令人驚異的複音或和聲之合唱技巧，也就是蜚聲國際目前全世界音樂史上最特殊之布農族八部合音歌唱

1│2

1. 布農族八部合音
2. 布農族八部合音
   瓷畫

「Pasibutbut」(巴西布布的,又名〈祈禱小米豐收歌〉)。

〈祈禱小米豐收歌〉,是在自然無修飾、莊嚴、敬神和諧的音樂中完成祭儀。每一個人的譜曲必須建立在和諧團隊的基礎上。

1943 年 3 月 25 日,日本學者黑澤教授在當時的台東縣鳳山郡里壠山社(現今台東縣海端鄉崁頂村)首次發現了布農族的「巴西布布的」。〈祈禱小米豐收歌〉中泛音的半音階唱法,更在民族音樂學上引起了極大的震撼。

1952 年,黑澤教授將這次錄音寄至聯合國文教組織(unesco),受到國際著名的幾位音樂學者 Andre Sohaeffiner Curt Sachs、Yaap Kunst,以及 Paul Collaer 等人的重視,視之為人類音樂文化中珍奇罕有的一種風格。

著名的布農族〈祈禱小米豐收歌〉的來源,據田野調查,搜集到一些傳說故事如下:

(一) 巒社群八部和音之起源

採錄者:田哲益

採錄地點:南投縣信義鄉豐丘部落

採錄時間:1992 年 10 月 23 日

報導人:全平良(Biuon),巒社群·達給呼南氏族人

. . . .

從前,有一個人走到森林裡,不知不覺走到了一座山頂。山頂上是一片松樹林,

那個人走累了,就坐在松樹底下休息,忽然聽到一聲清脆悅耳的聲音,使他感到一陣輕靈和一種神聖的召喚。他凝神靜聽,仔細尋著聲

音的方向，原來是松樹被風所吹拂的「咻咻」聲，他被這聲音吸引著，駐足良久才猛然清醒過來。

他發現風大的時候，松木就會發出響亮的聲音；風小的時候，就發出清脆的聲音。松木依著風吹拂的大小，產生千變萬化的聲響。同時他聽到竹林被風吹拂的聲音也很響亮。竹子與竹子間互相碰擊，也發出動聽的聲響。

他在那裡待了很長的日子，仔細傾聽松樹和竹林被風吹拂的嘯聲，不斷地揣摩，和著嘯聲的高低長短音呼嘯，而後他發明了「Pasibutbut」（祈禱小米豐收歌）八部合音式歌唱。

布農族人每次重大慶典都會演唱這首「巴西布布的」，用優美的和聲，以天韻祈上天賜豐年。

(二) 巒社群八部和音之起源

採錄者：田哲益

採錄地點：南投縣信義鄉

採錄時間：約於 1992-1993 年

報導人：不詳

古時候，祖先在田裡收割小米，小米田結穗盈盈，有許多鳥兒振翅飛過，族人便把小鳥振翅的聲音學起來，後來演變成今日之八部合音。

（三）郡社群八部和音之起源

採錄者：田哲益

採錄地點：南投縣信義鄉羅娜部落

採錄時間：約於 1992-1993 年

報導人：不詳

....

　　相傳布農族祖先在狩獵時，突遇一棵中空的千年巨木倒下，築巢在巨木中空的野蜂傾巢而出，祖先聽到成群的蜜蜂嗡嗡作響，與巨木產生共鳴，一大群野蜂展翅旋舞，振翅聲形成一首天然樂曲，族人們從未聽過如此美妙的聲音，故將此樂聲仿效，代代相傳。

（四）郡社群八部和音之起源

採錄者：田哲益

採錄地點：南投縣信義鄉羅娜部落

採錄時間：約於 1992-1993 年

報導人：已經不明

....

　　遠古時，祖先上山狩獵，看見幽谷飛瀑流瀉所造成的諧和聲響，令族人非常敬佩與欣賞。由於那年收成不好，於是練習瀑布的聲音，將美好的樂聲傳達給天神，來年就豐收了，於是這種聲音就一直流傳了下來。

（五）布農族八部和音之起源

採錄者：田哲益

採錄地點：南投縣信義鄉

採錄時間：約於1992-1993年

報導人：不詳

....

　　古代布農族獵人到獵場狩獵，聽到大瀑布美妙的天籟之音，認為是天神（Dihanin）的祝福，族人希望延續這種祝福，便模仿瀑布聲，把上天的祝福留存在部落裡，後來族人就以此聲（歌）向天神祈福。

　　布農族八部合音之起源除以上採錄外，胡台麗教授〈生命之歌〉也有云：「布農族音樂最特出的自然合音，據說是祖先自傾倒樹木洞中蜜蜂的振翅聲學習而來。蜜蜂有大量繁殖的意象。布農族的合音可視為祈願之聲，向天和祖靈祈求、報告，以和聲奉獻給祂們，以求取小米、獵物、首級的豐收，並可招請游離的靈魂歸來以恢復健康。」

　　布農族的八部合音〈祈禱小米豐收歌〉（巴西布布的），不管是山林裡的自然唱和聲（松樹林、竹樹林）、蜜蜂的嗡嗡聲、小鳥的振翅聲、瀑布聲等，布農族人都認為這是一種祝福的樂聲，這種把大地的聲響當成一種生命禮物的態度，讓布農族的八部合音突破了人們對音域的界定。

　　近十年，南投縣信義鄉達瑪巒部落「達瑪巒文化藝術團」，團長兼藝術總監全淵能老師（地利國民小學主任）推創「百人八部合音」，人員增加了九倍，非常壯觀雄偉，聲震大地。這是個非常棒的創舉，尤其

大型活動如全鄉運動會、全縣運動會、全鄉性傳統祭儀等,將會把整個場面提升至沸點,讓與會的眾人沉浸於天籟合音之中。

「巴西布布的」之演唱,歌者站立圍成圓圈,伸開雙手,放在背後腰際穿叉,與左右之同伴相攜相扶持,以逆時鐘方向緩慢移動步伐繞行,由一位長老起音,眾男子分成二到三部,隨之將自己的聲音配合起音的人。他們輕噘起嘴來,小心的發出「嗚」的聲音,極細微的好像互相在禮讓著,他們半瞇著眼睛(也是凝神聽聽自己的聲音是否和韻和諧),隨著「嗚」聲,慢慢地把頭抬起來,然後「嗚」的聲音在不知不覺中變得不費力傾聽就可以聽得到。從方才細微的聲音,逐漸會讓人覺得那聲音是從遙遠的天上送下來的,不一會,「嗚」的聲音漸漸變大,大的好響、好亮,充滿整個山谷,縈繞迴旋不已,好像要從地上唱回天上似的,他們配上三度、五度等諧和音程,持續唱下去不中斷,把合音一波一波的傳送出去,蜿蜒成一條壯闊的山川大海,在每一個聆聽者心裡汩汩地流著,直到「天神」dihanin 欣喜(唱到最諧和的天人交響)而賜福到人間。

布農族人用歌聲祈求上天賜福人間,祈望小米結穀纍纍,倉廩盈盈;他們也用歌聲來禮讚大地和詮釋生命的哲理。他們延續了人類心靈美麗而奇妙的律動,也保存了人類心靈的最後一片精神樂土。

達瑪巒部落主聚落地名傳說與典故

第二章

「達瑪巒」部落位於濁水溪上游北岸，地利河階上，海拔約 500-560 米。日本人實施「集團移住」之前，這個部落尚屬於原始林。部落族人大致原居舊社（Asang）之「Quas」（姑姑山或黑黑谷）、「Vaqlas」（巴庫拉斯）、「Bunbun」（文文或蚊蚊）、「Musu」（木蘇）、「Vatan」（發丹）等聚落。約於 1933 年，日人實施「集團移住」後遷徙到了達瑪巒部落。

「達瑪巒」部落主聚落地名之命名，據調查有五說：「達姆巴儒安」、「達瑪龍」、「達瑪巒」、「阿爾萬」、「巴達儒安」等。其中以「達姆巴儒安」、「達瑪巒」較多人稱呼，「阿爾萬」和「巴達儒安」則較少人知曉。

一、達姆巴儒安

「達姆巴儒安」（Tam-ba-zuan）地名有三個傳說故事：

（一）傳說達瑪巒部落有一個水力舂米的地方，「ba-zuan」（巴儒安）布農族語意為「舂臼」，Tam-ba-zuan（達姆巴儒安）意喻「有舂臼的地方」。則本地名之命名法屬於「典故名型」，亦為「勞動名型」或「器物名型」。

（二）傳說從前居住在 A-sang（阿桑，即中央山脈原居舊社）的卡社群人（Taki-bakha），到這裡狩獵野獸，發現有一塊像臼形的石頭，他們就在那裡舂米，所以就以「石臼」為命名。「石臼」亦稱「ba-zuan」。則本地名之命名法屬於「器物名型」。

（三）傳說巴庫拉斯（Vaq-las）的卡社群（Taki-bakha）人，於清朝時就已經有數戶人家在本部落五鄰野溪處搭建水力碾米具 baba-zuan（巴

巴儒安，即水力舂臼），當族人自原居地舊社攜獵獲、山產徒步至集集與漢人進行交割（交易）時，必經過這個水力碾米具之處，族人為方便識別該地而稱之 Tam-ba-zuan（有舂臼的地方），久而久之，此地即以此命名。

本地名之命名法屬於「典故名型」與「器物名型」。

二、達瑪龍

「達瑪龍」（Ta-ma-lung）地名有五個傳說故事：

（一）傳說遠古時代，族人剛剛遷徙至本部落，曾遭瘧疾流行病肆虐，當時部落有一隻巨大的野生公雞，牠專門吃瘧疾流行病源的瘧蚊，部落之惡疫才逐漸脫離險境，故稱此地為「公雞」（Ta-ma-lung）。

「Ta-ma-lung」（達瑪龍）布農族語意為「公雞」，則本地名之命名法屬於「動物名型」與「典故名型」，因為具有「感恩」之意，亦可稱之為「紀念名型」。（二）據傳古代本部落原來是一片個沼澤地，所以孳生蚊蟲，以致族人難以生存。某一天天清晨，天剛黎明的時候，忽然出現一隻大公雞，族人自那天起再也沒有遭受蚊蟲肆虐，自此本地名之為「Ta-ma-lung」（達瑪龍）。則本地名之命名法屬於「動物名型」與「典故名型」。

（三）傳說落在古代時一處大天然池塘，此地常常出現一隻大雄 Ta- 達瑪龍），因此本地古稱 Ta-ma-lung（達瑪龍）。則本地名之命名法屬於「動物名型」。

（四）據傳約二、三百年前，族人尚且住在中央山脈深處舊社。那時候，本地方原是一片沼澤地，很容易孳生蚊蟲。日治時代被日人強迫自舊社遷徙此地，當時有許多人患了瘧疾而死亡，族人都非常恐懼。有一次天翻魚肚白時，出現一隻大公雞（Ta-ma-lung）把瘧蚊全部吃掉了，自那天起族人再也沒有遭受蚊蟲肆虐，故稱此地為 Ta-ma-lung，意即「公雞」。則本地名之命名法屬於「動物名型」與「典故名型」，因具有「感恩」之意義，亦可稱之為「紀念名型」。

（五）相傳族人自原居地揹著野獸及山產品、草藥等，徒步至集集與漢人進行交易時，經過 Hung-ku（紅固，即地利溪處），常見一隻公雞 Ta-ma-lung（達瑪龍）立於大石塊上，因此命此地為公雞 Ta-ma-lung（達瑪龍）。則本地名之命名法屬於「動物名型」。

進入本部落前，佇立著一隻大雄雞，是部落的精神圖騰，非常符合其神話傳說與典故精神。

三、達瑪巒

「Ta-ma-lu-an」（達瑪巒）是從「Tam-ba-zuan」（達姆巴儒安）音變語轉而來，亦或從「Ta-ma-lung」（達瑪龍）時空語轉，變成了「Ta-ma-lu-an」（達瑪巒）。而且成為最多人使用的地名稱呼。則本地名之命名法屬於「音轉名型」。

四、阿爾萬

相傳族人還未遷徙本部落前，自中央山脈舊社到集集與漢族人從事交易買賣，該地是必經之地，族人背負山產物品、野獸、獸皮、獸角、獸骨、山藥等，以換得民生必需品。於返社回程的路上，常在此地稍事休息，再啟程回到居住地（中央山脈舊社），故此地被稱呼為「Al-uan」（阿爾萬），意即「稍事休息的地方」。

「Al-uan」（阿爾萬）布農族語意為「休息之處」。則 Al-uan 之命名法屬於「典故名型」（亦稱「故事名型」）。該名為全紹仁耆老之說，但是很少人知道這個稱呼。

五、巴達儒安

巴達儒安與阿爾萬意義相似。據松碧常（Sazu）長老說，布農族人從清代至日治時期，還居住在中央山脈舊社（A-sang），會以山產、野獸等與漢族或卡哈亞（Kahabu，平埔族）進行貿易（Paq-sia），而路過「達瑪巒」部落。當時從深山舊社到達此地已經黃昏了，就不再繼續前往集集了。因為再往前進，就是水里鄉民和村與達瑪巒部落之間的「阿桑卡尼豆」（A-sang qa-ni-tu）了，這裡有很多鬼魅，引人心生忌憚，所以就會住在達瑪巒部落一個晚上。則稱「巴達儒安」（Padazuan），意即「暫居一宿」之意。

則本地名之命名法屬於「典故名型」。

達瑪巒部落農耕地
地名傳說與典故

第三章

據調查本部落農耕地的地名有：「紅固」、「西法菲固」、「布奴爾」、「巴該利斯」、「卡尼豆」、「阿桑卡尼豆」、「頓肯布灣」、「木蘇」、「馬西罵兒」、「馬辣斯」、「馬達艮」等。

一、紅固

「紅固」（Hung-ku）是「前方」之意，亦即「村落前方地區之耕地」，則本農耕地之命名法屬於「方位名型」。本部落之「紅固」（Hung-ku）即地利溪一帶。

二、西法菲固

「西法」（Si-va）布農語意為「九」，「菲固」（Vai-ku）布農語意為「彎」、「彎道」、「彎曲」。則「西法菲固」（Si-va-vai-ku）布農語意為「九個彎道」，亦即「在九個彎道區域的農耕地」。則本農耕地名之命名法屬於「形象名型」。

本部落布農族人所稱的「九個彎道」，即清王朝及日本政府曾經修築過的古道──「關門古道」，這個古道可以通往花蓮。歷來統治者所修築的這條古道，是沿著古代布農族人的獵徑修築並加以拓寬，用以為戰備道，以求能夠迅速派兵或補充兵員與武器糧食，以鎮壓布農族的革命抗暴。

「關門古道」，原名「集集水尾道路」、「拔仔莊道路」、「丹大越嶺道」，起點從集集鎮市街開始，通到花蓮縣瑞穗鄉（水尾），是清朝所開闢的最後一條橫貫中央山脈的古道。後因古道橫越過中央山脈之關門

山山頂而得名「關門古道」。經七彩湖至西段林田山鐵道與萬榮林道接合，與台灣電力公司新東西線路徑大致相同。

日治時代，著名的人類學者森丑之助曾經成立一支調查隊進入此區調查研究，留下了許多非常原始的文獻資料，是研究布農族的社會組織與文化最重要的第一手材料。「關門古道」上有許多布農族舊社，例如：卡社群的塔馬羅灣社（Ta-ma-luan）、巴庫拉斯社（Vaq-las）、卡社（Baq-ha）與拉夫蘭社（La-vulan）；丹社群的加年端社（Qani-tuan）、帖鹿桑社（Telusan）與哈巴昂社等舊社。

1930 年賽德克族發動「霧社事件」抗暴，在此區布農族也發生過二次丹大事件、頭目（頭目是日人指派的）集體被誘槍殺，因此醞釀計畫反暴政的全面抗日行動（聯合巒社群、丹社群、卡社群、卓社群）。日本政府為避免布農族恐將造成比「霧社事件」更大的暴動，極盡安撫各社群的布農族人。最後經過布農族總頭目（巒社群卡豆諾蘭社 Qatungaulan 百雅安 Pai-ian 大頭目，漢名田太陽）分析局勢，最終忍痛作罷。這個抗暴計畫，如果大規模突襲集集鎮，恐怕是布農族人居住在台灣五、六千年，史上最慘烈的浩劫。

1934 年後，日人為了更有效的安撫與控制布農族人，推動大規模的「集團移住」政策，把布農族人遷徙到淺山地帶定居。將原居舊社的丹社群人移住花蓮縣萬榮鄉馬遠部落，只有少部分移住達瑪巒部落；卡社群移住達瑪巒、迪巴恩、馬拉飛部落；巒社群移住迪巴恩、人倫、豐丘、新鄉、望鄉等部落。

三、布奴爾

此地帶的農耕地土質是紅土，「布奴爾」（Bu-nul）有「赭紅」之意，則本農耕地名之命名法屬於「形象名型」。

四、巴該利斯

「巴該利斯」（Pa-qai-lis）布農語意有「特殊之地」及「與眾不同之地」之意，則本農耕地名之命名法屬於「形象名型」。「Qai-lis」（該利斯）有「獨特的」、「特別的」之意。

五、卡尼豆

此農耕地位於水里鄉民和村與達瑪巒部落之間。「卡尼豆」（Qa-ni-tu）布農語意為「鬼」的意思。傳說以前這個地方是日治時隔離病患的處所（例如瘧疾），許多流行病患者在此死亡，故此處經常出現鬼魂。

則本農耕地名之命名法屬於「典故名型」。此為全紹仁（Na-kas）耆老之報導。

六、阿桑卡尼豆

據說這裡是「鬼域」（Asang qanitu），意即「鬼居住的地方」，過去夜晚時分，經常有人被鬼抓走，所以人們會迴避此地。

此為採錄松碧常（Sazu）長老口述，則「阿桑卡尼豆」農耕地之命名法屬於「意識名型」，也是「典故名型」。

七、頓肯布灣

「頓肯布灣」（Tun-kum-buan），布農語意是「山洞」，亦即「在山洞區域的農耕地」。這個農耕地就在本部落附近，是長 200 米的水道，日治末期為防美軍的轟炸所建築，是本部落村民最大的防空洞。

除此，部落周圍尚有許多防空洞，當時是一個鄰一個防空洞，這些防空洞都是村民自己動手建造，由日人指導，以維護身家性命安全。則本農耕地名之命名法屬於「形象名型」。

達瑪巒部落鄰近水里市街，日治時水里有鉅工發電廠和大觀發電廠，常常遭受美軍的轟炸，在鉅工發電廠的山頂就是魚池鄉的銃櫃（曾是日軍防空炮彈的儲藏地）。老一輩的人都知道，水里市街的房子到處都是二戰留下的機槍彈痕，滿目瘡痍。

當時的轟炸機並無現在科技精密，可能會有誤炸的情形，雖然達瑪巒部落距離水里市街尚有一段距離，但防患於未然，總是正確的。

美軍轟炸機誤炸的情形，在信義鄉的久美部落就發生過，我們在久美部落的採錄如下：

（一）美軍轟炸久美部落

採錄者：田哲益、全妙雲

採錄地點：南投縣信義鄉久美部落

採錄時間：2012年6月13日

報導人：甘毅光（Voiu），鄒族，51歲

　　日治末期，美軍轟炸機曾經轟炸久美部落，有兩處炸出凹洞，這裡是前鄒族頭目巫開吉先生的農耕地，後來他將之開闢成魚池。其他五顆炸彈則炸在陳有蘭溪河床上，全部共投下了七顆炸彈。據當地人說美軍轟炸機原先是要轟炸水里的鉅工發電廠，但是誤炸到此間。

日治時期布農婦女

　　本則故事敘述日治時期第二次世界大戰的時候，久美部落遭受美軍轟炸的故事。本則故事誤炸的說法是有可能的，美軍轟炸機輪番轟炸鉅工發電廠（當時本電廠是台灣最重要的水力發電廠，在發電廠山頂設有日本高砲，魚池鄉銃櫃則是儲藏炮彈的地方），為日軍高射砲隊擊退，連在羅羅谷部落的布農族人都有看到美軍飛機冒著黑煙墜落。

　　戰後初期，水里街上的建築物到處彈痕累累，美軍轟炸久美此間，警告意味濃厚，宣示美軍的強大武力也不無可能。

戰後初期布農男子

八、木蘇

「Musu」（即合流坪）這個農耕地，「達給木蘇」（Takimusu）氏族（漢姓平）人曾經住在這裡。日治時代這裡曾經是中央山脈伐木時的木材集散地。

九、馬西罵兒

此農耕地有一處叫做「馬西罵兒」（Masimal），「Masimal」意即肥膩，豬肉很肥之意。依據幸大富（Tauli，警員退休）所言，這是一處一尺見方的泥濘地，人站在上方踏來踏去，就會從地底冒出水來，像「肥豬肉」一樣，意即「冒出很多水」，因以命名之。

則本農耕地名之命名法屬於「食物名型」。

十、馬辣斯

「馬辣斯」（Ma-las）農耕地，依據幸大富（Tuli）說，這裡也有一處很小的泥濘地（濕地）。「Las」是「瘦肉」之意，「Ma-las」是「極為瘦肉」之意。

這處農耕地與上則「馬西罵兒」（Masimal）農地是相應的，此處也是泥濘地，但是人站在上面，不會冒出水來，不過一直踏來踏去，則人會陷下去。因為不會湧出肥沃（很多）的水分，就像「Las」（瘦肉）一樣，

緊實乾柴，所以命名為「瘦肉」，亦即「乾燥」之意，則本地名之命名法屬於「食物名型」。

十一、馬達艮

據說古代人揹木柴，經過這裡的時候，會在這裡稍事休息一下。「馬達艮」意為「taqun」（達艮）在這裡停歇，亦即揹著「達艮」（揹木架）的人在此地休息。（2018年2月3日，報導人元惠美）

「Taqun」（達艮）是古時男人揹木柴用的「揹木架」，則本地名之命名法屬於「器物名型」與「典故名型」。

迪巴恩部落神話
與傳說故事

第四章

一、囊阿福蘭氏族的祖先

採錄者：田哲益

採錄地點：南投縣信義鄉迪巴恩部落

採錄時間：早期採錄（約於民國80年）

報導人：田守榮（Lauvi）

....

「囊阿福蘭」（Nang-a-vu-lan）氏族有二個亞氏族：「囊阿福蘭」亞氏族及「蘇巴利岸」（Su-ba-li-an）亞氏族。傳說「囊阿福蘭」亞氏族是小蟲（I-vu-taz）變成的，所以古代本亞氏族人不殺 I-vu-taz。

「蘇巴利」（Su-ba-li）是「蘇巴利岸」亞氏族的祖先，則本亞氏族之命名法屬於「祖先名型」。古代本氏族有一位叫做「蘇巴利」者，生下了五個孩子，全部皆命名為「蘇巴利」，故本氏族之後代就稱呼為「蘇巴利岸」亞氏族，意即「全部叫做蘇巴利的家族」。

迪巴恩部落的金慶榮（Vi-lian）、金森茂（Bali）、金多財（Qai-sul）、金多明（Lian）、金多錄（Dus-qav）等家族，屬於「囊阿福蘭」氏族之「蘇巴利岸」亞氏族，他們的遷徙故事是最特別的，也是最值得深入探討研究的。若從布農族人諸多的遷徙故事來看，「蘇巴利岸」亞氏族的可信度非常的高，也符合布農族人諸多遷徙史的史實。

依據信義鄉迪巴恩部落田守榮（Lauvi）和松碧常（Sazu）的報導：

傳說日治時，「蘇巴利岸」亞氏族才從集集遷徙迪巴恩部落。約四百年前，當居住在平原的布農族人，自南投、名間、集集、竹山社寮

（郡社群）等地，為了逃避漢族人殺害便舉族逃亡至中央山脈深山地區的時候，有一部分族人並沒有參加當時的避難大遷徙活動，金慶榮（Vi-lian）這個家族就是其中之一，因此他們是留居在平原最後一批的布農族人。他們與漢族人緊鄰生活至少有兩百多年的時間，但是在日治中期，他們還是因為被漢族人殘害，隨後遷移至高山地帶（迪巴恩部落）。傳說他們是最早遷徙至迪巴恩部落者，稍早於自中央山脈舊社被日本人逼迫遷移至本部落的族人。

金慶榮（Vi-lian）家族居住在集集的時候，經常與漢族人發生爭戰，他們守護的土地也漸漸被搶奪。有一次，漢族人向留居集集平地的布農族人釋出善意，邀請他們前來接受款宴，漢族人對布農族人說：「從此以後，我們不要再互相敵對，要和平相處！」族人都前來接受宴請。漢族人對他們說：「既然已經是好朋友了，佩帶的腰刀可以卸下了！」族人信以為真，把腰刀都卸下了，就開始盡情飲酒，喝得酩酊大醉，完全不知道大禍臨頭。

而漢族人早就準備好大鐵鍋，暗中開始炸油，等布農族人都醉醺醺了，便開始殺戮布農族人，據說有五十位壯丁被投入大鐵鍋中炸死。僅存的金慶榮（Vi-lian）家族，幸得逃過一劫，逃走避難至迪巴恩部落，又和數百年前失離的族人重逢在一起。至此，布農族人在集集最後的生存地全數散失。當他們逃到「洽坡石」，漢族人追趕至此，又殺了金慶榮家族的一位老人。

金慶榮（Vi-lian）家族自集集逃難遷徙至迪巴恩部落，是為了逃避漢族人之仇殺，為一種「自主性的遷徙活動」。而從中央山脈舊社遷移而來的族人，則是日本人為防止其抗暴而強制遷移至控管較為方便之地，是一種「非自主性的遷徙活動」，亦即被迫性。

另向金慶榮（Vi-lian）耆老請益他們自集集遷徙至迪巴恩部落的歷史，也獲得明確和肯定的指向。是以田守榮（Lauvi）和松碧常（Sazu）的報導無庸置疑。在迪巴恩部落，初期族人稱呼金慶榮（Vi-lian）家族是「講平地話（漢語）的家族」，也獲得金慶榮（Vi-lian）耆老的確認。

從上述傳說故事裡，可以體會到古代布農族人在「物競天擇」與「適者生存」的環境裡，確實是嘗盡了苦頭，甚至差一點亡族滅種。憐憫其境遇與受到的屈辱，現在應該是還其歷史公道的時候了，強勢占優勢者應該濟弱扶貧，還給原為台灣主人的原住民一個應有的地位與尊嚴。

二、織布高手谷月女

採錄者：田哲益、全妙雲

採錄地點：南投縣信義鄉迪巴恩部落

採錄時間：1995 年 5 月 20 日

報導人：谷月女（A-ping），卡社群，邁當岸氏族人

谷月女（A-ping）是迪巴恩部落織布才藝有特殊成就的婦女，1915 年 5 月 8 日生，她的織布技藝在部落中首屈一指，深受族人敬重。除了谷月女和其得到真傳的女兒谷秀紅（Savung）懂得十二杆織法外，其他老織婦最多只會到八杆織法。

布農族人織布機：包含一個空心木頭（即基座，稱為 Dugulu）、木杆（Hiladu）、梭（Hasigusan）、腰帶（Barn）及 Gadiban（織者膝前的木頭）和控制線的木板等，其中控制織法的杆線（Hiladu）有一杆、兩杆、

三杆至十二杆等織法，一杆織出的布祇有一層，二杆則兩層，若要以杆織出「巴的發萬」（Pat-va-uan 男子上衣）則需要加入好幾杆線。十二杆織法是布農族人層次最高的織布手法。

織布是谷月女的生命，她至八十餘歲時還教授族人織布技藝，晚年她的眼睛不慎被樹枝刺傷成殘，因此眼力變得不佳，但是她仍然能夠織得一手好布。

谷月女自小就讀「加年端」（Qani-tuan）日本學校，四年級就開始學習織布，小時候她看到母親把一條一條分離的線幻變織成色彩鮮豔的胸袋（Kulin），於是決心要把織布學好。古代的女子一定要學會織布，因為將來結婚後，全家人所穿的服飾都是全靠女主人的一雙巧手。

布農族人織布染色都取自特定的植物作染料，她除堅持杆織手法外，對於色彩也一直堅持傳統，因此其織品常常被日本人收藏。她所使用的色彩如下：

「白色」：將苧麻纖維和木炭一起在水中煮一小時。

「紅色」：將麻和一種叫 Suma 的木材碎屑混合。

「黃色」：用一種像薑的 Sani-nang 作顏料。

「綠色」：用一種叫 Sulu-ngul 的植物作染料。

「黑色」：將九芎葉搗爛，和取自黑谷山的特有泥土浸泡一天。

1│2

1. 迪巴恩部落織布高手谷月女（左）
2. 布農族男女服飾

染好的麻便在紡機上紡出頭緒成線，接著依照各種所需的色線放在
Kams ulan 上整理出自己想要的各種數量、次序。最後，便在織布機上經
緯出一塊布面。

布農族人樸實的苧麻禮服及色彩鮮艷的胸袋，長期以來深受日本
人的喜愛。早期布農族人以台灣苧麻織布，日治時又引進日本苧麻，前
者色澤較潔白，後者略帶米黃。當苧麻莖被砍下後，取苧麻皮曝曬，再
把纖維一縷一縷地抽絲紡線，染色後，取材百步蛇圖案或有變化的紋樣
織布。

三、祖孫三代征伐太陽

採錄者：田哲益、全妙雲
採錄地點：南投縣信義鄉迪巴恩部落
採錄時間：2011 年 07 月 27 日
報導人：田長順（Pima），丹社群，達納畢馬氏族‧達西烏拉彎亞氏族人

有一天，夫婦帶著嬰兒上山工作，由於天氣太熱把嬰兒曬死了，
他們非常憤怒。回到家便與眾兄弟討論要去射下一個太陽（當時有兩個
太陽），祖孫三代共七個人，準備以接力的方式完成射太陽的任務。

他們開始準備武器（弓箭）、食物等，出發前先種了一棵橘子樹
（也有一說是柚子樹），就出發去射太陽了。路途長征，他們終於把一
個太陽的眼睛射瞎了，變成了月亮。回到部落後，眾子孫已長大成人
了。當初出發去射太陽所種的橘子樹，都已經長出果實了。

　　這是一則祖孫三代接力完成征伐太陽的艱鉅任務，他們把一個太陽射中變成了月亮，從此大地有日夜之分。布農族征伐太陽故事母題，大多是以報仇為目的，征伐的人數不一，征伐前通常先種植橘子或柚子樹，以示征伐路途與時距。

四、洪水掩沒大地的故事

採錄者：田哲益、全妙雲

採錄地點：南投縣信義鄉迪巴恩部落

採錄時間：2011 年 07 月 27 日

報導人：田長順（Pima），丹社群‧達納畢馬氏族‧達西烏拉彎亞氏族人

　　當祖先還生活在中央山脈舊社（Asang）的時候，他們發現有許多貝殼，並且把貝殼當作裝飾品，耳飾、頸飾、首飾等。所以族人確信曾經有大洪水氾濫過大地。

　　大洪水是布農族普遍廣傳的故事，本則敘述更提出了實證。布農族關於頸飾與首飾的故事亦多，但是令人類學者質疑的是古代布農族貝殼、玉類等裝飾的來源，而提出到海邊尋找及研究與平埔族及漢族貿易等學說。或許本則故事提供了解答。

五、蘭露絲女巫師

採錄者：田哲益、全妙雲

採錄地點：南投縣信義鄉迪巴恩部落

採錄時間：2011年07月27日

報導人：田長順（Pima），丹社群‧達納畢馬氏族‧達西烏拉彎亞氏族人

Langus（蘭露絲），是一位女巫師，她的巫術是擅長 Mamuh-muh（治病），她經常帶著法器 Talum（箭竹切成一小段一小段）在各部落裡走動，族人看到她就會邀請來治病。

她施法，天上的星星、月亮、太陽、天神（Dihanin）等，都是她請求協助的對象，她施法中，有時淚流滿面，令人感動，看起來好像是在表演。

她治病是用口吸吮病患者的疼痛部位，病患者的致病物（體內的骯髒之物）就會被她吸出來了。她為孕婦診治，撫摸肚子，折自己的手指，噴口水等，孕婦也感到舒暢。

過去巫師為人服務是接受酬禮的，酬禮的大小則視病情的輕重而定，一般都是求助者的心意，隨家庭的經濟能力奉酬禮。古代沒有錢幣，酬禮的內容大致是家禽、家庭用器物、農耕工具、野獸肉等。但是有的巫師會自己要求酬禮。

Langus 女巫師給一家的獨生子治病，她看到了這家人有養牛，又知道這家人很珍惜這位獨子。她施法向天神祈禱：「天神啊！請眷顧孩子的父母親，他們很慈愛孩子，孩子病痛得很嚴重，星星、月亮、太陽啊！請幫助他們的孩子痊癒吧」！Langus 女巫師的祈禱表現得很積

極，而且痛哭流涕。

Langus 女巫師施完法術後，求助者就要奉酬禮，女巫師說：「孩子的病情很嚴重，就是因為有一隻牛 Kih-haz（作祟），必須要殺掉牠，孩子的病情才會好轉」，求助者之家只好殺牛分給了 Langus 女巫師。

Langus 女巫師為人治病，總是豐收的提雞、提鴨的回家；人家送給她的 Pis-tu-nan（手環）掛滿兩個整隻手臂。Pis-tu-nan 是用金銀銅鐵所製造，過去可是珍貴之物。

這是報導者田長順敘述自己祖母 Langus 女巫師為人治病的情形。非常有趣，總是向求助者要求很多東西，或珍貴的物品。據此敘述，報導者的女巫師祖母還在世的時候，他們的家庭是很富裕的。

六、索黑幹氏族的故事

採錄者：田哲益、全妙雲
採錄地點：南投縣信義鄉迪巴恩部落
採錄時間：2011 年 07 月 27 日
報導人：田長順（Pima），丹社群‧達納畢馬氏族‧達西烏拉彎亞氏族人

．．

「索黑幹」（Su-he-qan）氏族，漢姓「宋」，傳說與「達納畢馬」（Tana-pima）氏族關係深厚。

「Su-he-qan」是一種鳥禽，有一次，本氏族的祖先被敵人追殺，躲進很深的山洞裡。敵人追至山洞裡尋找，山洞裡的「Su-he-qan」鳥突然從洞裡全部飛出來，敵人判斷無人在洞穴裡面就離開了。「Su-he-qan」

獵獲長鬃山羊

獵獲野豬

鳥救了這位被追殺的人，為了表達感謝與救命之恩，就命名本氏族為「Su-he-qan」氏族（索黑幹氏族）。

　　本則故事，迪巴恩部落的「索黑幹」氏族的祖先，曾經被「索黑幹鳥」救助，為了感謝「索黑幹鳥」的救命之恩，命名本氏族為「索黑幹」氏族，則本氏族之命名法屬於「動物名型」、「典故名型」和「感恩名型」。由於「索黑幹」氏族的人口較少，當時居住在中央山脈舊社的時候格外孤立，「達納畢馬」氏族就很同情他們，讓他們一起參加祭典，所以兩個氏族過去關係甚為密切。

七、布農族的搶婚習俗

採錄者：田哲益、全妙雲

採錄地點：南投縣信義鄉迪巴恩部落

採錄時間：2011 年 07 月 27 日

報導人：田長順（Pima），丹社群‧達納畢馬氏族‧達西烏拉彎亞氏族人

　　報導者田長順（Pima）的姑姑，名字叫 Savi，由於丈夫亡故，進而有人覬覦搶婚。有一天，Savi 在田路中被搶，她一直喊著：「幫助我！幫助我！」希望有人幫助她掙脫逃離，可是當時 Pima（報導者）年紀還小，根本無法幫助姑姑。

　　她被搶到男方所屬田地的時候，就把她放下了。Savi 回到家，就對兄長（報導者的爸爸）說：「為什麼眼睜睜的看著我被搶走？」哥哥對 Savi 說：「女子被人家搶到男方的地盤，就無法回頭了。」亦即非嫁不可了。報導者打趣的說：「其實父親是因為姑姑在家待太久了，希望她能夠早點兒嫁出去。」所以 Savi 被搶奪時，沒有積極地去把她解救回來。

　　這是古代布農族原始的婚姻制度。「搶奪婚」看似野蠻，但其確實存在。把女子搶奪回家成功，基本上這樁婚嫁是百分之百確定了。有時男方招集了許多同氏族的男人到女方家搶奪，男女雙方人馬爭奪很激烈，乃至打鬥皆有可能。「搶奪婚」的意義，其實也有考驗男方家的實力與勇氣，畢竟連搶奪的能力都沒有，以後如何保護妻兒呢？

八、諾阿南氏族

採錄者：田哲益、全妙雲

採錄地點：南投縣信義鄉迪巴恩部落

採錄時間：2011 年 07 月 27 日

報導人：田長順（Pima），丹社群・達納畢馬氏族・達西烏拉彎亞氏族人

　　「諾阿南」（Nu-a-nan）氏族，漢姓「米」，又稱為「該諾阿南」（Kainu-a-nan）氏族或「該督阿南」（Kai-du-a-nan）氏族。分別為「找到的」、「被找到的」之喻。

　　傳說（Ma-tu-la-ian）氏族找到了一位小孩子，看他很可憐的樣子，便將他收養照顧，這位小孩子長大娶妻後，就給他一個氏族名。由於他是被尋獲的身分，所以就以「諾阿南」（Nu-a-nan）為氏族名，意即「被找到的氏族」。

　　則本氏族命名法屬於「典故名型」與「新創名型」。古代「馬督拉雅安」氏族與「諾阿南」氏族情同一家人，故兩個氏族彼此互不通婚。
　　本則故事，「諾阿南」氏族的祖先非常神異，他到底是誰？據「諾阿南」氏族人所云，自稱祖先是從台南來的。這是屬於古代布農族遷徙說的範疇，非常繁雜，在此暫時簡略，另在布農族的遷徙歷史中專文論述。

九、龍葵、鵝兒菜可以療病

採錄者：田哲益、全妙雲

採錄地點：南投縣信義鄉迪巴恩部落

採錄時間：2011年07月27日

報導人：田長順（Pima），丹社群・達納畢馬氏族・達西烏拉彎亞氏族人

　　古代人肚子痛和咳嗽，據說吃「龍葵」（Sa-maq）可以治肚子痛和脹氣。咳嗽時吃「鵝兒菜」（Qu-du）可以治癒，也可以降火氣。

布農族婦女參考百步蛇背紋織布　　布農族男子服飾之背紋就是百步蛇紋

　　本則敘述古代布農族具有醫療性的食物，提出了「龍葵」和「鵝兒菜」的食補療效作用。

十、修正屁股軟骨的治療師

採錄者：田哲益、全妙雲

採錄地點：南投縣信義鄉迪巴恩部落

採錄時間：2011年7月27日

報導人：田長順（Pima），丹社群‧達納畢馬氏族‧達西烏拉彎亞氏族人

　　屁股裡有一個軟骨，小孩子好動遊蕩，常常會不小心把屁股的軟骨弄歪了（Pan-pu-qut）。軟骨歪了，這個孩子看起來就會顯得瘦瘦乾乾、營養不良的樣子，且食慾不振。

　　布農族古代有一種專門修正屁股軟骨的治療師，叫做「Ma-te-qun」（修正屁股軟骨），大都是女性，她會把手指伸入小孩子的屁股裡，把歪了的軟骨拉直。據說經其拉正、矯正後，孩子開始就有了食

慾,睡得好、吃得多,身體就健康起來了。

要成為修正屁股軟骨的治療師,是要拜師學藝的。一般一個部落大概有兩三個這種治療師,受到族人的敬重。

十一、地底下的有尾人

採錄者:田哲益、全妙雲

採錄地點:南投縣信義鄉迪巴恩部落

採錄時間:2011年7月27日

報導人:田長順(Pima),丹社群‧達納畢馬氏族‧達西烏拉彎亞氏族人

從前在「卡荳諾蘭」(Qatungaulan)社的「拿霸兒」(Nabal)地方,有一個通往地底的洞口,裡面住著有尾巴的地底人,布農族人常常到地底去與地底人交誼。地底人住的地底非常深、非常遠,要準備五、六個背簍的松油柴來照明才能到達。

傳說地底人非常好客,很歡迎布農族人造訪,但是地上的布農族人要到地底有尾人的深洞內作客,雙方須約定好默契。地上的布農族人,必須在進入地底的洞口前,先呼喊彼此作為暗號,讓地底有尾人知道,以示來訪。

有尾人知道有訪客要來,便開始端饗宴客,等地上的人快要到達時,飯菜已準備妥當。因為他們的屁股長著一條尾巴,不願意讓地上的人看到,所以坐在舂臼上,把尾巴放在舂臼裡面藏起來,這樣布農族人就看不到了。

地底有尾人的飲食習慣很奇特，他們只吸「蒸氣」（Ta-hun）就吃飽了。所有的飯菜都是給布農族人吃的，布農族人大飽一餐後，會帶著許多食物回家。因此，布農族人喜歡到地底下有尾人那裡作客，有得吃又有得拿，滿載而歸。

有一回，地上的布農族人忘了打暗號，就貿然進入地洞裡去了，地底有尾人驟然看到地上人來了，一時神情緊張，東跑西跑忙碌搶奪舂臼，趕快坐在舂臼上，因一時緊急，把尾巴都坐斷了。後來，地底下的有尾人來到地面上來，族人就拿「樹豆」（Qali-dang）慫恿他們吃，有尾人吃過以後一直放屁而死，再也沒有回到地洞裡去了。

地底有尾人稱為「伊庫倫」（Iku-lun），是遠古的原住民種族之一，後來消失了。本故事報導人詳述了地底有尾人「伊庫倫」住地的方位，則更增加了這種種族存在的可能性。

另據申萬能（Balan）耆老說：地底有尾人的洞口（Tungkul）位在「卡荳諾蘭」（Qatungaulan）社的「達斯達爾」（Dastal）地方。這裡已經是雜草密布的原始叢林，所以看不到洞口，但是從地底會冒出雲煙，好像是有尾人在地底下炊食升起的煙霧，對於地底人的存在始終抱持疑慮。（2018 年 2月 3 日下午）

1|2

1. 傳説地底下有一種人稱為有尾人
2. 布農族人喝酒喜歡一飲而盡

十二、達納畢馬達西烏拉彎亞氏族與日本人的戰爭

採錄者：田哲益、全妙雲

採錄地點：南投縣信義鄉迪巴恩部落

採錄時間：2011年7月27日

報導人：田長順（Pima），丹社群‧達納畢馬氏族‧達西烏拉彎亞氏族人

....

　　屬於丹社群「達納畢馬」（Tana-pima）氏族之「烏拉灣」（U-la-van）亞氏族，日治時期，當祖先還住在丹社的「烏拉灣」舊社時，曾經與日本人發生戰爭。

　　引起戰事的原因是日本人沒收布農族人的槍枝和路槍（陷阱槍），日警不斷騷擾報導人田長順的祖先，常常叫至日警派出所逼迫交出槍械，無論族人再怎麼對日警說：「已經全部交出去了。」日警還是不相信，三番兩次尋其紕漏。

　　報導人田長順的祖先實在忍不住了，便召集家人，商議出草日警派出所，但是出草之舉的消息洩漏了，同為丹社群的「滿各各」（Man-qu-qu）氏族（漢姓全）已經集結在日警派出所保護日警，變成了同族人的戰爭，「滿各各」氏族人被弓箭射中多人，日警則毫髮無傷。

　　日警退走，準備報復「烏拉灣」地區的「烏拉灣」氏族人，在「加年端」（Qanitu-an）社（卡社群的舊社）的山頂設置60山炮，轟擊對面的「烏拉灣」，住屋及山嶺都被燃燒殆盡，此後「烏拉灣」氏族人只得任由統治者的安排，接受了被統治者的宿命。

　　這是報導人的舊社聚落發生戰爭與被轟炸的故事。原是要出草日警

派出所，卻變成丹社群「達納畢馬」氏族之「烏拉灣」亞氏族，與同族群的「滿各各」氏族人互戰。後來日人轟炸「烏拉灣」亞氏族的舊社，聚落和整座山都被炸得燃燒了起來，報導人感慨地說：「此後烏拉灣氏族的人就不敢再輕舉妄動了，只好乖乖地接受統治。」

迪巴恩部落舊社與主聚落地名傳說與典故

第五章

一、迪巴恩部落傳統舊社地名傳說與典故

迪巴恩部落的先祖大部分來自「治茆山」東麓、「東郡大山」北麓以及「丹大溪」、「巒大溪」、「郡大溪」、「濁水溪」流域的高山區，日治時代因為被強迫遷移，所遺留的石板屋老部落，在歷經數十載的歲月侵蝕後，雖然已成廢墟，但老舊社的歷史尋根意義依然長存。

(一)達芙蘭社

「達芙蘭」（Da-vu-lan），本舊社遺址緊鄰丹大林道，位於三分所上方，三分所屬於巒大林管處，在巒大溪上游，巒大溪是丹大溪的支流，丹大溪是濁水溪的支流，二溪在「五里亭」（Musu）會流，另外在巒大溪的支流郡大溪還有五分所、六分所、七分所、八分所。日治時原本住在「達芙蘭」的布農族人，約於 1935 年被迫遷移「迪巴恩」部落；於 1996 年 1 月回到舊聚落，豎立起第一塊遺址紀念碑，記錄下這段歷史。

(二)黑諾肯社

「黑諾肯」（He-nu-qun）社為本部落丹社群耆老申萬居（U-min）之故鄉。

(三)卡內德安社

「卡內德安」（Qa-ni-tu-an）社，「邁當岸」（Mai-tangan）氏族曾經居住過這裡。「卡內德安」社，日人譯為「加年端」社。

(四)端社

「端」（Tu-an）社，「達納畢馬」（Tana-pima）氏族曾經居住過這裡。

(五)該動社

「該動」（Qai-tung）社，丹社群「達西烏拉灣」氏族曾經居住過這裡，為曾任村長的田雲程之故鄉。這裡曾經發生過日警用 60 山砲轟擊「達西烏拉灣」氏族的事件。

(六)卡荳諾蘭社

「卡荳諾蘭」（Qa-tu-ngu-lan）社，「索各魯曼」（Suq-lu-man）氏族人與「達納畢馬」氏族（Tanapima）人曾經居住過。筆者田哲益的祖先就是「卡荳諾蘭」社人，老石板家屋位在日治時小學的上方，如今家屋的遺址仍然存在。在被日人集團移住的時候，筆者族人被移住本鄉之望鄉部落，部分族人被遷徙到花蓮縣萬榮鄉馬遠部落。叔公和祖母還在世時（當時筆者年紀尚小），他們還會來探視，其後就沒有音訊了。

(七)巴庫拉斯社

「巴庫拉斯」（Vaq-las）舊社，「諾阿南」（Nu-a-nan）氏族人曾經居住過這裡。「Danum bakha」（達奴母巴卡哈）河流經此地。「Vaqlas」意即「河岸清澈平坦、水源豐沛之地」。

(八)巴巴隆社

「巴巴隆」（Ba-ba-lung）社，傳說這裡有一塊巨石，巨石的頂端是平坦的，這平坦的地方，就是巨鷹用巨爪攫擄人後，把被抓的人放置在這個平坦面上。

農族開墾祭　　　　　　　　　　　　布農族播種祭

二、迪巴恩部落主聚落地名傳說與典故

　　本部落傳統地名有二：「伊興岸」（I-singan）和「迪巴恩」（Ti-baun）。從日治時代至今一直稱呼為「伊興岸」，亦為其他部落所熟知的稱呼。近十餘年來，本部落族人意識要恢復當初集團移住時的稱呼：「迪巴恩」，經過多年來的共同意識，「迪巴恩」地名已漸漸為其他部落族人所知悉和認同。

　　「迪巴恩」部落是布農族「織布的故鄉」。生於 1915 年，已逝的谷月女（A-ping）女士，是迪巴恩部落織布才藝有特殊成就的婦女，她的織布技藝在布農族部落中首屈一指，深受族人敬重。布農族織布，控制織法的杆線（Hiladu）有一杆、二杆、三杆至十二杆等織法，一杆織出的布祇有一層，二杆則兩層，而若要以杆織出「巴的發萬」（Pat-va-uan 男子上衣）則需要加入好幾杆線。十二杆織法是布農族人織布最高的層次與境界。除了谷月女和其得到真傳的女兒谷秀虹懂得十二杆織法外，其他老織婦最多只會到八杆織法。

(一) 伊興岸

日治時代，實施集團移住，當初遷移本部落的族人，並不是直接居住在目前之部落現址，族人先在附近形成散社。例如：「Qa-qau-ngu」（卡高怒）、「Sal-vi」（沙爾飛）、「伊興岸」（I-singan）等。

迪巴恩部落從日治時期就稱為「伊興岸」（I-singan），據日本學者安倍明義《台灣地名研究》提到「I-singan」是「寂寞的地方」，意為「靜寂」。「I-singan」日語意為「石巖」，可能原有一大石巖，故以「石巖」為名，則「I-singan」有「寂靜之地或布滿石塊之地」。本族人亦謂「I-singan」部落後方斜坡地，確實是有許多巨大石塊，則本地名之命名法屬於「礦物名型」。

據松碧常（Sazu）長老說，第二次世界大戰時，有族人在大石頭上站哨，以防美軍空襲。事實上，當時的「I-singan」位置是在目前部落的後方，原為部分族人自中央山脈舊社遷徙暫居的散社，其後才又集中遷移至現今部落的位置。

本部落自日治時期即稱呼為「I-singan」沿用至今，後來成為目前整個迪巴恩部落行政區的名稱。

(二) 迪巴恩

目前族人居住的部落亦名「迪巴恩」（Ti-baun），據曾任村長的田雲程（I-sau）報導：

「迪巴恩」之意是「農作物成長很好的地方」。據說在中央山脈舊社有一處地方稱為「迪巴恩」，這裡的作物肥沃，因此族人遷徙到這裡望作物豐收，把舊社之名「迪巴恩」移植命名本部落。

則本地名之命名法屬於「懷舊名型」、「舊地名型」及「移植名型」。期望如同先前舊居的部落，受到天神的祝福。

布農族人之地名，命名法中的「懷舊名型」有許多例子。例如：卓社群，在未從平原遷徙中央山脈深山舊社的時候，是與泰雅族人為鄰，居住在埔里盆地，當時他們稱該地為「卡比然」（Qa-bi-zan）。後來卓社群人被迫遷徙高山地區，為了懷念祖先居住之地埔里盆地（卡比然，Qa-bi-zan），因此在中央山脈建立部社的時候，沿用同名的「新社」，亦稱為「卡比然」（Qa-bi-zan），以為懷念舊故鄉之意。仁愛鄉曲冰部落的布農族人，稱呼為「山地埔里」（指中央山脈的舊社）與「平地埔里」（指現今之埔里鎮）。

目前迪巴恩部落的族人強烈意識，應該以正確的「Ti-baun」（迪巴恩）稱呼本部落，以符合實際，因此族人們開始沿用此名於部落、教會、交通等各式行政單位。

另據松碧常（Sazu）長老（曾任信義鄉代表）說，有一處泥濘地，會不斷的湧出水來，叫做「迪巴恩」，亦有「源源不斷」之意，與田雲程村長所言有異曲同工之妙。

目前雙龍村（迪巴恩部落）主要有三個聚落：即「達爾布奴彎」（Tal-bunguan）、「迪巴恩」（Ti-baun）和「幫谷阿難」（Pang-ku-a-nan），大多為布農族原住民居住，幾乎以從事農業維生。

迪巴恩部落農耕地
地名傳說與典故

第六章

迪巴恩部落農耕地地名，據調查有「巴林杏」（Ba-lin-sing）、「馬西令」（Ma-si-ling）、「拉薩」（La-sa）、「可里沙夫」（Qu-li-sav）、「督督克」（Tu-tu-qu）、「達魯納斯」（Ta-lu-nas）、「巴丹待納日」（Pa-dan-daingaz）、「馬斯里法刀爾」（Mas-li-va-taul）、「迪迪辣斯」（Ti-ti-las）、「方辣日」（Vang-laz）、「達西給」（Ta-si-ki）、「達爾布奴彎」（Tal-bunguan）、「迪艘」（Ti-sau）、「沙棒」（Sabang）、「幫谷阿難」（Pang-ku-a-nan）、「卡高怒」（Qa-qau-ngu）等十六個農耕地地名。

一、巴林杏

此農耕地有許多自然生長出來的「Ba-lin-sing」（巴林杏）樹，可以食用，則本地名之命名法屬於「植物名型」，亦為「食物名型」。

二、馬西令

因為此農地是溫潤善地，農作物生長良好，故稱為「Ma-si-ling」（馬西令），意即「作物生長良好的地方」。又布農語「Mas-ling」（馬司令），意思是說「唱歌很宏亮」，則與「Ma-si-ling」（作物生長良好）相通。則本地名之命名法屬於「意識名型」。

三、拉薩

傳說古代有一位喝酒醉的人到山上採「Sang」（油柴），在路邊巨樹下休息，因為不勝酒力睡著了，結果被一隻母熊揹到一棵巨樹頂上去，

準備給樹窩上的熊寶寶吃。

母熊把他放置在熊寶寶的窩裡，遂爬下樹，到地上拿一塊石頭準備敲碎喝醉人的頭。當母熊抱著石頭一步一步爬上樹頂的時候，酒醉的人清醒過來了，就用揹在背上的斧頭把母熊猛力砍劈。母熊掉落樹下而死，小熊也隨即被消滅死亡。

由於巨樹非常粗壯，這人根本無法爬下樹來，他一直喊叫求救。經過數天之後，他才被族人發現，族人造了很高很長的 La-sa（爬梯），讓他慢慢地沿著爬梯爬下樹來。

因為這個地方曾經造過「La-sa」長梯，救過一個族人，故名喚 La-sa（拉薩）。則本地命名法屬於「器物名型」。

「Sang」是松樹，油脂很多，供布農族人燃火引火之用，布農族人會把「Sang」削成一小片一小片，藉燃引火種煮飯燒菜。其作用與現代人中秋節時烤肉，用火種引燃一樣。不過，布農族人傳統使用「Sang」燃引火種，則更為便利好用。

四、可里沙夫

此農地位於濁水溪邊緣，因為溪水中的魚非常多，像樹葉一樣在水中游動，因此稱為「Qu-li-sav」（可里沙夫），意即「游魚甚多似樹葉之多」。

「li-sav」（里沙夫）是「樹葉」之意，則本地名之命名法屬於「植物名型」，亦為「形象名型」。

五、督督克

此農地有許多因為砍伐而留下的樹頭，因此稱為「Tu-tu-qu」(督督克)。古代在這裡砍伐樹木，用流籠運輸木柴。「Tu-qu」(督克)是「樹頭」之意，則本地名之命名法屬於「植物名型」。

六、達魯納斯

本農地生長許多「Ta-lu-nas」(達魯納斯)，因以此命名，此植物可以編織成器物。則本地名之命名法屬於「植物名型」。

七、巴丹待納日

本農地生長的「Pa-dan」(茅草)都很高大，因此稱為「Pa-dan-daingaz」(巴丹待納日)。「daingaz」意即「巨大」。則本地名之命名法屬於「植物名型」。

布農族人上山狩獵

獵場上的布農族獵人

八、馬斯里法刀爾

此農地有迷宮般的山谷，經常有人在此迷路，因此稱為「Mas-li-va-taul」（馬斯里法刀爾），意即「使人迷路的山谷」。Mas-li-va（馬斯里法）意即「使人迷惘」。「Taul」（刀爾）意即「山谷」。則本地名之命名法屬於「意識名型」。

九、迪迪辣斯

此農地以前種植許多小米，且農作生長極好，因此稱為「Ti-ti-las」（迪迪辣斯）。「Ti-las」（迪辣斯）為「小米」，則本地名之命名法屬於「植物名型」，亦為「食物名型」。

十、方辣日

濁水溪上游迪巴恩橋右岸的農地稱為「Vang-laz」（方辣日），「Vang-laz」為「溪流」之意，稱「Vang-laz」意即「溪流邊緣的農地」（實指濁水溪畔）。則本地名之命名法屬於「自然名型」。

十一、達西給

此農地位於部落之邊陲，因此稱為「Ta-si-ki」（達西給）。「Ta-si-ki」是「部落邊陲地」之意，也稱為「Tan-si-ki」。則本地名之命名法屬於「方位名型」。本農地現在種植許多茶樹及檳榔。

十二、達爾布奴彎

此農地位於迪巴恩部落之邊陲與羅羅谷部落交界處。據說此地有一處自山牆岩壁滲泌出來的水，人們到這裡會洗手、洗頭等。「Tal-bungu」（達爾布奴）是「洗頭」之意，「Tal-bunguan」（達爾布奴彎）意即「洗頭的地方」。則本地名之命名法屬於「身體名型」。

據松碧常（Sazu）長老說，此地有一處叫做「Tai-ngul」（小水池會冒水），只有一尺見方，織布的婦女把麻線在「Tai-ngul」浸泡，麻線就變成黑色了，是天然染布之地。這可能是地層的化學作用。

十三、迪艘

水裡的鬼稱為「Ti-ka-ha」，「迪艘」（Ti-sau）意為「有水鬼的地方」。則本地名之命名法屬於「意識名型」。

十四、沙棒

「Sabang」（沙棒）此農地位於「雙龍瀑布」區，古時候這裡有人居住，是日人「集團移住」時的散社之一。不明其命名法。

十五、幫谷阿難

「Pang-ku-a-nan」（幫谷阿難），位於達瑪巒部落隔著濁水溪之對岸。據松碧常（Sazu）耆老說：最後一批自平原（集集）撤退到山上的金慶榮

（Vilian）家族，逃難到此地，見此地是一片竹林（Masu-kunanan），後命名「Pang-ku-a-nan」。則此地的命名法屬於「植物名型」。

又傳說居住在此地的人，原先居住在中央山脈舊社，他們性情剽悍，是最晚被強迫集團移住到這裡來的。

「幫谷阿難」是「迪巴恩」部落的第六鄰，「伊斯卡卡夫特」氏族（漢姓松），自舊社「Babalung」（巴巴隆）遷徙至「Nu-qun」（諾肯），再至「Musu」（木蘇），最後到達此地。

十六、卡高怒

「Qa-qau-ngu」（卡高怒）農耕地，不明其命名法。

馬拉飛部落神話與
傳說故事

第七章

「**馬**拉飛」部落是信義鄉著名的「巫術之村」，也是信義鄉布農族末代巫師「卡夫大日」（Qa-vu-taz）大巫師的故鄉，經數十年田調才完成此完整的紀錄。因為關於巫術的採錄涉及到採錄者對巫術的認識與理解，所以不容易做出系統的整理。因此，想要探詢布農族偉大神祕的巫術，並非容易之事。慶幸的是，信義鄉末代巫師卡夫大日大巫師還在世，雖有無數次的訪問與調查，但由於一直沒能弄清楚與理解，以至於無法發表。直至 1993 年 6 月 3 日，一一進行更詳盡的請益與增補，才終於茅塞頓開，真正了解了布農族的神祕巫術。此次為最後一次訪查了，沒過多久，「卡夫大日」大巫師也與世長辭了。

「馬拉飛」部落是巫術之村，所以也把布農族的巫術於本書發表，讓布農族逝去的巫術，在這裡留下永恆的紀錄。

一、古代布農族卡社群的偷盜儀式

採錄者：田哲益

採錄地點：南投縣信義鄉馬拉飛部落

採錄時間：1992 年 10 月 29 日

報導人：谷春生、幸谷愛玉，卡社群人

布農族卡社群有一項民俗叫做「Mukaili」（木該理）儀式，這個儀式大約是在 4 月份的時候舉行。這天是一年中唯一能夠堂堂正正偷盜別人物品的一天，平常時間，絕對不可以偷盜別人的東西，否則會引起家族械鬥。

這一天，大人們都在家裡休息和喝酒，小孩子則到田野到處走走，

看到可偷的東西就偷回家，如田園中種植的瓜果蔬菜、遊走的雞，甚至是小豬，他們都會偷盜回家。被偷盜的人家是絕對不可以生氣的，因為這也是一種生命禮俗的祭儀。據說行過這樣的「偷盜」儀式後，全村社這一年裡，就不會有偷盜的事情發生了。

這實在是一個有趣的民俗，民俗儀式的內容竟是「偷盜」，大概是意味：今天家裡被盜偷了，此後的一年裡就不會再發生被盜偷的事件了。這也是卡社群很有趣、很歡樂的日子。小朋友滿臉喜悅，高高興興的把偷盜物帶回家，但是忌諱明目張膽的拿，不能讓被盜者的家人看到，否則會被收回去，是既神祕又刺激的風俗祭儀。

二、信義鄉布農族末代巫師

採錄者：田哲益

採錄地點：南投縣信義鄉馬拉飛部落

採錄時間：1993年6月03日

報導人：卡夫大日（Qa-vu-taz），卡社群・邁當岸氏族人

布農族人神祕又神奇的巫術很有名氣，其中聽說卡社群的巫術最有威力，而又以「馬拉飛」部落的巫術法力最厲害強大。

本部落最後一位巫師，法力非常高強，他叫做「Qa-vu-taz」（卡夫大日），已經過世，從此南投縣信義鄉布農族人再也沒有巫師傳承下來了，布農族人傳承數千年的「巫師」成為了歷史名詞與回憶。Qa-vu-taz巫師的逝世，使得巫術也隨之消逝。

Qa-vu-taz 巫師生前，有許多族人或漢族人慕名前來詢問事業、治病、尋找失蹤的人，祈求者只要送些禮物表明心意即可。曾有一位團管區上校司令前來詢問前途，是否可以升任少將？Qa-vu-taz 巫師指示不會升官了，這位上校司令便馬上退休了。

「馬拉飛」部落族人自中央山脈原鄉舊社（Mai-a-sang）遷徙至現址，巫術仍然盛行時，種植的水果，其他人不敢盜竊，因為巫師會把「巫術網袋」（Da-vaz，法器之一）置於果園隱蔽處，偷盜者便會中了巫師法術，稱為 Tis-da-vaz（迪斯達法日），將導致身體不適的健康問題，最嚴重者會失魂、死亡。偷盜者必須恭敬的請求原施法者巫師來解除法術，身體健康狀況始能恢復正常。

古代布農族人的巫師除了治病祈福外，也會施行黑巫術（邪術），因此大人、小孩、異族人、日本人等都很懼怕布農族人的法術，唯恐中了巫師的邪術，會受到傷害，甚至喪失生命。

Qa-vu-taz 為男性巫師，是本部落末代大巫師，也是信義鄉布農族人最後一位巫師。其巫術並未傳承，從此布農族人這個歷久傳承的絕代巫術，消失於歷史的洪流之中，令人感到無奈與感傷。

1993 年 6 月 3 日，是最後一次訪問 Qa-vu-taz 巫師。當時 Qa-vu-taz 巫師已經病危，命在旦夕，正躺在病床上，由其愛女餵食流質的稀飯，一位小孩傳訊告知後，他還是勉強自病榻上起身，駝著背的身軀，由其愛女攙扶緩步到客廳。

當時並不知情他已經病得如此嚴重，直感來得很不是時機，確實很唐突與慚愧，內心忐忑不安，欲告別離去，卻為其所止，他雙眼直視並用手勢示意「沒有關係！沒有關係！」扶持他的愛女也一起挽留，願意接受訪問。

　　Qa-vu-taz 大巫師的耳朵已經聽不見，亦很難言語，但是他的熱誠與禮貌顯露在他的雙眸及無力的手勢，令人感動與不忍。

　　面對如此偉大有禮貌的大巫師，寒暄過後，虔敬的請教他的法術、施法，以及傳承等種種。他因為已經很難說話，聲音亦非常微弱，他以手勢表意，靠著他養女（其養女為水里鄉民和村的漢族人）的翻譯，才逐漸體會了布農族人巫術之精深與奧祕。

　　並非一般人都能夠成為法術高強者，其要背誦無以數計冗長而繁複的咒語，具備長期培養出來之敏銳觀察力與判斷力的修持與涵養，同時其也要侍奉「歷代巫者祖神」、「天神」（Di-ha-nin，迪哈年）、「鬼魂」（Ha-ni-tu，哈尼豆）等，作為「人與神鬼」溝通之橋樑，非有恆心毅力者不為功。

　　這是一次最具價值的訪查，因為沒多久，Qa-vu-taz 大巫師就與世長辭了，留給後人無限的緬懷與思念。此次的訪查透過其愛女的譯解，也完全清楚與理解了過去的疑惑，經過整理撰寫後，可謂讓布農族人的巫術在文字上留下了珍貴的紀錄，亦可祭慰偉大的、令人尊敬的 Qa-vu-taz 大巫師在天之靈。

　　當日在巫師的家整整紀錄了將近四個小時，至下午黃昏才離開，回程的路上，巫師父女親情的身影，久久不能散去，縈繞於心，真的滿心感謝巫師父女倆的協助。記得即將道別的時候，曾請問了 Qa-vu-taz 大巫師，為何不將其法術傳承給後代？其愛女譯解說：過去布農族人是「Lis-ka qa-ni-tu」（利斯卡卡尼豆，即信仰鬼魂時代或鬼神時代），布農族人現代已經信奉基督教了，因此不再需要承傳巫術了。

　　Qa-vu-taz 大巫師在戰後，也信仰了基督教，而且是一位非常虔誠的基督徒。他一生中幫助過族人無數，成為族人苦難中精神的依託，許多

1. 馬拉飛部落射日雕像
2. 八部合音入口意象

在深山中不幸失蹤、過河溺水流失、離家出走、丟失財物的人，在其法術的指點迷津下，大多皆可尋獲，族人們都很崇拜與敬仰他。願他「蒙主恩召」，永駐主懷。

Qa-vu-taz 大巫師能知山勢地形風水、命勢時運，能先知預測將要發生的地震、風災、水災之事。因此族人稱他為「Ma-ma-ngan」（馬忙岸，意為厲害、超人的）。Qa-vu-taz 大巫師的法術是屬於「黑白兩道」，精通白巫術與黑巫術。

布農族人的末代大巫師 Qa-vu-taz，雖然沒有將其一身的絕技法術傳承於後世，不過他高強的法術，成為了部落族人茶餘飯後津津樂道的話題。

三、巫師之養成

採錄者：田哲益

採錄地點：南投縣信義鄉馬拉飛部落

採錄時間：1993 年 6 月 03 日

報導人：卡夫大日（Qa-vu-taz），卡社群·邁當岸氏族人

古代要成為一位巫師是要正式拜師習藝、傳授法術。但並非每一個人都可以成為巫師的，有的人學習不來，半途放棄。尤其是背誦各種

咒語，還要配合肢體舞蹈，就挺累人的。

巫術有兩種，「白巫術」與「黑巫術」。「白巫術」主要是治病與協助族人解難，有的專門學習治病，有的專門學習協助族人解難。「黑巫術」即「巫蠱」之術，有的專門學習這種邪術，主要是加害於人，族人都非常懼怕黑巫師。

白巫師與黑巫師兩者的存在對於古代族人都有深遠的影響。白巫師起了族人身、心、靈的維護，黑巫師起了社會秩序的建構，對於作奸犯科的人則加以懲罰。要成為黑巫師必須向「天神」（Dihanin）發毒誓「絕子絕孫」，而大多數的黑巫師真的多無後代。

成為一位正式巫師的學習與訓練的歷程，依個人的資質而不同，短者三、四年，多者五、六年不等。巫師的傳繼，有父子傳承、母女傳承和拜師習藝。大部分巫師的法術都是單方面的，有的則精通黑白巫術，這是布農族巫師巫術的最高境界。

四、疾病之種因

採錄者：田哲益

採錄地點：南投縣信義鄉馬拉飛部落

採錄時間：1993年6月03日

報導人：卡夫大日（Qa-vu-taz），卡社群‧邁當岸氏族人

布農族人以為罹患疾病，乃是因為受到神罰或是惡靈邪神作祟所引起，古代布農族人是非常遵守禁忌信仰的，禁忌（Samu）是古代族人的社會秩序與倫理道德。違犯者必受全體社人的撻伐與譴責，因為個人的

1｜2

1. 布農族的巫師
2. 布農族的巫師治病

不遵守禁忌，可能造成全體社人都會受到波及連累，甚至整個部落滅絕。

凡是部落之社人有不乾淨不正常的行為，或是違反禁忌的時候，觸怒了天神、祖靈、鬼靈等，就會發生個人疾病或者瘟疫的蔓延，所以嚴守禁忌、慎戒行為，與罹病有密切關係。

本則是巫師認為人類致病的種因，由於不遵守禁忌（Samu）。禁忌是族人歷經了數千數百年的實踐信仰，一旦違犯了禁忌，全族社將面臨失序的慘痛。巫師在實際作為上，也是維護禁忌信仰的守護者。

五、巫醫治病之時機

採錄者：田哲益

採錄地點：南投縣信義鄉馬拉飛部落

採錄時間：1993年6月03日

報導人：卡夫大日（Qa-vu-taz），卡社群・邁當岸氏族人

過去布農族人的巫師大多數是為解除族人身體病痛而習巫，有些則專門學習黑巫術。布農族人病患求助巫師醫治有兩種情形：

（一）病患至巫師的家求治。

（二）巫師親自到病患者的家治病。

布農族人巫師為病患治病，一般的狀況是在室外進行，因為在室內進行治病，據說巫師或是求治者本人及其家屬，以後狩獵的時候就不能獵獲野獸了。但是巫師治病仍然是依照實際之情況進行，例如：病患病情非常嚴重不能夠行動，就會在病床上就地實施巫術醫治。

巫師治病，一般都是站立，身軀還要配合舞蹈。年紀大之巫師則坐下來治病。病患普通站立或是坐著，重病者或襁褓嬰兒則躺臥。巫師治病的方位是面對太陽升起（東方）的方位，象徵苗壯，南方則是善靈前來的方向；反之，太陽下山（西方）和北方則是惡靈出沒的方向。

本則敘述巫師治病的情形及治病的方位，雖然有些迷信，但是巫師卻是很遵守。頗似中國陰陽五行之信仰。

六、巫醫診斷病情

採錄者：田哲益

採錄地點：南投縣信義鄉馬拉飛部落

採錄時間：1993年6月03日

報導人：卡夫大日（Qa-vu-taz），卡社群‧邁當岸氏族人

巫醫治病先要「診斷」（Pati-haul）病狀，病人必須據實以報，不可虛偽欺騙，否則會遭到天譴，病情會更加惡劣，甚至波及子孫。

巫醫診斷病患者的病情環境（病境）大致如下：

（一）詢問病患者的夢境，以判斷吉凶。

（二）詢問病患者有無違反宗教信仰禁忌事項。

（三）詢問病患者有否看見禁忌之物（巫師的巫蠱法器）。

（四）詢問病患者有否接觸禁忌之物（巫師的巫蠱法器）。

（五）詢問病患者對族人有無傲慢的行為（說話高傲而無禮）。

（六）詢問病患者對族人有無欺詐的行為（騙取財物的詐欺行為）。

（七）詢問病患者有無偷竊的行為（例如：偷盜他人的器物、米糧、家禽、獵物等）。

（八）詢問病患者有無與人起爭執吵架而結怨。

（九）詢問病患者有無與人打鬥而糾怨。

（十）詢問病患者有無違反道德的行為（目無尊長）。

（十一）詢問病患者有無違反倫理的行為（不孝順父母）。

（十二）其他。

　　巫醫了解了病患者大致的病情環境背景之後，即進行了解病患者之病痛：

（一）疼痛部位：頭部、胸部、腹部、背部、四肢、皮膚等。

（二）病痛症狀：發燒或發冷、忽冷或忽熱、食慾不佳、頭昏、眼花、失眠等。

（三）病患情緒：胸悶、憂鬱、煩躁、心跳快速、不安寧等。

（四）意外傷害：野獸追逐受傷、被狗咬傷、被蛇咬傷、跌傷、不明傷害等。

（五）墜落：墜樹、落水、墜崖等。

（六）被鬼打（Panakan-qanitu）：身體無故瘀青。

（七）靈魂被盜（Antabanun-isang-qanitu）：被鬼魂誘拐與迷惑所產生的恍惚痛苦。

（八）巫蠱：遭黑巫術施法的痛苦。

（九）其他。

　　巫師了解了病患者的病痛後即可有效施法驅穢，把一切不乾淨、污穢的病魔從病患者的身體上驅逐。

　　本則敘述巫師治病施術前的診斷流程，以便有效施術，因為病情環境和身體致病部位不同，施術的方法是不同的，所以病患必須確實告知巫醫，才能有效治療。

七、巫師禳祓術

採錄者：田哲益

採錄地點：南投縣信義鄉馬拉飛部落

採錄時間：1993年6月03日

報導人：卡夫大日（Qa-vu-taz），卡社群‧邁當岸氏族人

　　布農族人的病痛觀，認為是鬼魔作祟，將異物、不潔之物滲入人體之內，諸如鐵片、碎瓷片、破瓶片、蝸牛殼、樹草根枝、石子、釘子、珠子、針、木炭（代表火，有這東西在身體內，人就會發燒起來）等。

　　古代布農族人巫師治療病痛的方法：巫師右手持茅草，先噓氣（吹口氣）、折手指，揮動著茅草禱咒：「我現在祈求曾經教過我，啟發過我巫術的先祖們，幫助我救治這位來求助的病人吧！讓我的法力充滿，現在我要對這位病患祓除他身體裡面的一切穢物，讓他有光明舒適的感覺，身體內一切穢物都清除吧！讓他的身心舒暢、清靜吧！現在我要

把他治好，諸病魔都迅速退去吧！讓病人痊癒，恢復健康的生活吧！」

接著，巫師在病患病痛處用口吸吮，說也真神奇，病患者身體內的小石子或樹草根之類的致病穢物，都一一被巫師自病患身體內吸出。接著取灰與酒抹在病患者頭上，禱咒云：「病痛痊癒吧！灰及酒驅除魔鬼吧！病魔速速離去。」

巫師把病患者的致病物丟棄在荒郊野外，從病患者身體內吸出的穢物如小石子或樹草根之類的致病物，照例是不能夠給病患者看到的，不然，致病物又會跑進病人的身體裡去。但亦有巫師會將自病患者吸出的致病物一件件顯示給人看，表示病魔已經被祓除。

本則敘述致病的原因是魔鬼將不潔之物滲入人體之內，所以造成病痛。因此巫醫治病主要就是將病患身體內的穢物用嘴吸出來，病患者的身體就好轉起來了。

八、巫師火把禳祓術

採錄者：田哲益

採錄地點：南投縣信義鄉

馬拉飛部落

採錄時間：1993 年 6 月 03 日

報導人：卡夫大日（Qa-vu-taz），卡社群‧邁當岸氏族人

有一種巫醫行禳祓術為病患者祓除病魔時，只用火把去祓除，這種「火把祓除法」也可醫治百病，舉凡肚子痛、頭痛、發燒等都可以治

布農族的巫師施法　　　布農族的巫師施法

癒。禳袚術施行如下：頭痛就用火把在頭上繞圈，並口念誦咒語；肚子痛則火把在肚子上繞圈。治病術也是很有效。

　　本則敘述「火把袚除法」的治病法術。

九、回魂術巫術

採錄者：田哲益

採錄地點：南投縣信義鄉馬拉飛部落

採錄時間：1993年6月03日

報導人：卡夫大日（Qa-vu-taz），卡社群・邁當岸氏族人

　　病患魂不守舍，經常半夜會夢遊，或到處遊蕩而忘了回家，有時誤把樹當成人而與之摔角，耗盡精力，清醒時身體全身痠痛，感到莫名其妙。有時脫下衣物裸體遊走，或睡在樹上，他常常不知道自己做了什麼。

　　如是者，家人便會尋求巫醫診治，如果病患經過巫醫診斷，確定不是受鬼魂迷惑，而是中了別的巫師施行草巫及法石，治療的方法則將巫草或法石或其他穢物自病患者身體吸出來。

被除的方法分為兩種，視病情的輕重而定，輕者用茅草被除，重者用巫石被除。「茅草被除法」是以茅草為法器，在病患者身上，上下左右來回揮動，以驅除邪祟。「巫石被除法」是用巫師的「法石」（巫師的法器之一）驅除邪祟。如果病患者是受到鬼魂迷惑，讓其心神離開身體，而做出令人不可思議的事情，則要舉行驅鬼儀式。

會被黑巫師（邪巫）施法致使其喪魂（精神錯亂）者，該人可能得罪過這位巫師，或者很小氣（有獵獲物或收穫物沒有孝敬巫師）；也可能該人是竊盜者，被黑巫師施法懲罰。

基本上喪魂者必須請求原施法者解除法術，讓其身心恢復正常活動，其他巫師是無法解咒的。不過法力很高強的巫師就能夠解他巫所施的咒術。本則敘述巫師的「回魂術」，確實非常高強，不可思議。

十、招魂術巫術

採錄者：田哲益

採錄地點：南投縣信義鄉馬拉飛部落

採錄時間：1993年6月03日

報導人：卡夫大日（Qa-vu-taz），卡社群・邁當岸氏族人

「招魂」布農語為「Ma-kat-vil」（馬卡特菲爾），意即「招來」、「揮來」之意。巫師招魂以茅草為主要法器，憑藉著通靈特殊的能力，把魂召來問話，是否可以治癒。

招魂是使一個人的魂就其正位（Kat-su-qai-san），為針對人的心

（魂）、生體靈（Is-ang）或 ha-nitu（精靈），把失魂（Mus-bai is-ang）招回，更明白的說就是把「人魂散掉的人」，將他遊走的心召回到自肉體上。

巫師診斷失魂的症狀大致如下：

（一）失眠（nitu-masa-sabaq）：該正常睡眠時無法入眠，心事很多的樣子。

（二）精神不安（nitu-malidadu）：心情很緊張而不寧靜，以為有人要加害
　　　於他，變得處處防備他人。

（三）胡言亂語（qamqam-bazbaz）：平常不是多話的人，變得天花亂墜，
　　　一派亂語。

（四）昏迷（nitu-minqailas）：無緣無故昏睡不醒人事。

（五）驚嚇（pating-quzaun）：經常被驚嚇，魂魄神散，不能自主。

（六）被襲擊（panakan）：常自認為被不明物體襲擊，造成自己意外傷害。

（七）落水（munqanu）：雖然謹慎過河，卻無緣無故滑落水裡。

（八）跌倒（mutingkul）：走路好好的，不明原因而無故跌倒。

（九）墜崖墜谷（laphav）：山崖山谷好似有一股莫名吸引的力量，自己常
　　　莫名其妙地墜落下去。

（十）爬樹跌落（muqalqal）：工作爬樹時，有一股莫名的力量，吸引從樹
　　　上墜落下來。

（十一）被鬼誘拐（antabanun qanitu）：布農族人史前時代稱「Lis-qa-
　　　　qanitu」（譯為信仰鬼魂時代），傳說「鬼」經常在布農族人的部落
　　　　出現。

古時候常常聽說有人迷失，據稱是被鬼誘拐擄走的。部落有人迷失
不見了，就認為是「被鬼誘拐」（都是晚上），就會發動全部落的族人帶
著火槍四處尋找，沿途放槍驅鬼。

有時候很快就被找到了，有時候數日都找不到，甚至一個禮拜後才找到，也有從人間蒸發了。而且多數是被帶到懸崖峭壁處被尋獲，或是被帶到大片棘刺叢中深處被找到，而一般人是不容易進入的。可見鬼魂的能力也是強悍的，被找尋回來的迷失者（被鬼擄者），身體非常臭。

傳說古代有很多鬼，但鬼很怕槍聲，因鬼大都於夜間擄人，村社的人聽到夜間有槍聲，就紛紛鳴槍，傾刻間，槍聲此起彼落，鬼聽到槍聲就會放下所擄之人。

失魂症除以上的症狀外，以下情形亦為失魂現象：

（一）遭黑巫巫蠱之術：被黑巫術施法者，亦為失魂現象。

（二）垂死：亦被視為魂魄將盡的失魂現象。

（三）久病不癒：亦被視為魂魄將盡的失魂現象。

（四）惡夢頻繁：惡夢頻頻亦為失魂現象。

一個人失魂了，就是表示這個人的靈魂不在身邊保護他，這個時候就要求助巫師來舉行招魂的儀式。巫師招魂巫術如下：

首先吹口氣（噓氣），左手持兩枝茅草，右掌心朝下，移近唇邊，對著食指噓一口氣，並且折手指。

接著巫師招來病魔，把微捲的茅草葉片一一剝開，左手直握一枝茅草，右手橫持另一枝，以右手上的茅草輕輕地接觸左手上的茅草葉禱念咒語：「偉大的、法力充滿的先師、先祖啊！虔誠地祈求您加持我、幫助我診治這個失魂的人吧！讓病魔的影像顯現在茅草葉上吧！我們會殺豬來祭饗您。」

巫師念過咒之後，茅草葉片上就會顯現病魔的影像，有白有黑的鬼影，匆匆敏捷，走來走去。有時候會看到一群病魔圍繞在病人旁邊。病魔出現後會消失，不會一直停留在葉片上。

如果巫師屢次招來病魔，但是病魔沒有顯現在茅草葉片上，亦即病魔沒有反應，這就表示患者病情很嚴重，病魔非常屬害，巫師不容易親近他，這種情形大概已經病入膏肓，靈魂已經不能被招回了，也就是不能治癒了。

巫師令家屬備妥犧牲（殺豬）準備召魂，將豬肉切數塊放置在簸箕中，還有一碗清水、小米和酒。家人圍著在簸箕周圍呈圓形狀，巫師手持茅草，向著門外站著招魂，祈咒說：「巫術的歷代先祖、先師、先賢們！請聽我的祈禱，懇求您協助我診治病患吧！幫助我治癒這個心魄被鬼魔盜走的病人。」

巫師右手拿著茅草在患者的頭部揮動，頌咒說：「我現在施展法力，不要再讓魔鬼盜走你的心，魔鬼啊！瓦解吧！迅速離開吧！病人啊！勇敢地驅逐病魔，請你痊癒吧，巫術的歷代先祖們，請你們加持這個病人的勇氣與信心。」招魂儀式完成後，巫師察看祭祀簸箕中有無頭髮，如果有則表示病患的靈魂已經被招回來了，否則重新招魂。

失魂者的靈魂被召回來後，巫師噴一口水在草地上，將頭髮（代表失去的魂）按置在失魂者頭部，表示把失去的魂種植回去，禱云：「我已經把你的靈魂召回來了，並且重新種植在你的身體上，強壯起來吧！戰鬥起來吧！戰勝魔鬼吧。」之後，巫師把頭髮裝入一個小袋子內縫起來，掛在病人的胸前當作護身符，表示靈魂安在。

本則敘述巫師的招魂術，將製成的「髮袋」作為病患者的護身符以安靈。

布農族人以「髮」做為「魂」的象徵，是為護身符之類。1992年12月5日另於南投縣信義鄉羅娜村田野調查，採錄到一則有關「髮」的傳

說故事。故事題名為〈布農族人的繫命絲〉：「古時候，布農族人除以農業耕種維生外，男人上山狩獵也是重要的活動。布農族人也是很重視父愛的親情倫理。如果剛生嬰兒的父親要上山打獵，通常要五至七天才返回村社，做父親的放心不下初生的愛子，又怕孩子會找父親，他就會從自己頭上拿幾根頭髮，然後跟麻（Div）編成一條手環，再套在嬰兒的手腕上，對著孩子說：「我就在你手上！」之後才放心的上山狩獵。據說，這樣孩子就不會哭鬧找父親了。父親自山上狩獵回來，才把孩子手上的手環取下來，並告訴孩子說：「你的爸爸回來了，希望你快快長大，不要生病。」（口述者：司文郎 Tulbus，男，73歲，郡社群人）。

十一、巫醫師趕鬼治病

採錄者：田哲益

採錄地點：南投縣信義鄉馬拉飛部落

採錄時間：1993年6月03日

報導人：卡夫大日（Qa-vu-taz），卡社群‧邁當岸氏族人

病患經巫醫診斷，如果是因為被鬼誘拐（Antabanun qanitu）而神迷恍惚，巫醫要舉行趕鬼的儀式，趕鬼是很重大的祭儀，所以必須要殺豬，將豬身各部分（心、肺、腸、肝等）各切一小片用竹竿穿串起來以饗鬼。巫醫使用的法器有刀、火槍、茅草、爐灰及豬肉等。

趕鬼的時候，巫醫時而撒爐灰，時而拂茅草，並禱咒說：「魔鬼！不要附身在那個人的身上，我們殺了豬給您吃，您趕快離開吧，現在就請脫離吧。」巫醫自腰中抽出佩刀來，一面在病患者四周轉圈揮舞並大聲么喝：

「離開，快點離開！」接著到屋外對空鳴槍，「轟」的一聲，就把鬼趕走了。

　　巫醫之巫術係來自傳承，所以每一位巫醫都有其各自傳承的法術，有些誘鬼之物用雞肉不用豬肉。雞肉各部位（心、肺、腸、肝等）各切一小片用竹串起來，巫醫右手持茅草揮動著，左手持竹串雞肉（祭肉）誘鬼，後面隨著一人到處撒灰，從病人的房間趕鬼，再趕屋內其餘地方的鬼（屋樑上、火灶上等）。巫醫以祭肉引誘魔鬼：「魔鬼呀！你快來，這裡有這麼多的雞肉送給你吃。」

　　屋內趕完後，一直趕到路上直至社外，沿路上要不斷撒灰（讓魔鬼看不清楚回來的路）。在社郊將祭肉插立地上，並於其旁打結茅草（把魔鬼綑綁吊起來），剩餘的灰也放置於其旁，儀式完畢，然後回家。在回家的路上絕對不能回頭看，否則魔鬼會再回來。但是，如果病人注定要死的話，魔鬼會躲在屋樑上，怎麼趕也趕不走，那麼這個人就死定了。

　　本則敘述巫醫趕鬼的引誘物是「豬肉」和「雞肉」，鬼魂被豬肉和雞肉引誘至社外，就被驅逐了，並且用非常手段打結茅草，把魔鬼綑綁吊起來，永遠不能夠再回到村社裡。

十二、巫醫殺鬼治病

採錄者：田哲益

採錄地點：南投縣信義鄉馬拉飛部落

採錄時間：1993年6月03日

報導人：卡夫大日（Qa-vu-taz），卡社群・邁當岸氏族人

有時巫醫診治心靈被鬼誘拐（Antabanun-isang）的病患，會直接殺鬼。患者家會殺豬，將豬盛在簸箕內，還要煮一鍋飯，將祭飯與祭肉置於庭院中央（古代沒有桌子，所以放在地上），飯鍋裡放置數個湯匙，祭飯與祭肉周圍放置數個椅子（即矮木凳），巫師在屋外念咒，邀請魔鬼來吃飯。巫師特殊的法力，看見魔鬼們陸續坐在矮凳上準備用餐了，巫師就會用眼睛（閉眼）示意埋伏在隱密處的槍手開火，槍手們一齊向矮凳上射擊。有些魔鬼可能會逃走，巫師就會指示魔鬼逃走的方向，槍手繼續把魔鬼消滅。

這是一則有趣的巫醫殺鬼故事。

十三、巫師頭痛症診治

採錄者：田哲益

採錄地點：南投縣信義鄉馬拉飛部落

採錄時間：1993年6月03日

報導人：卡夫大日（Qa-vu-taz），卡社群‧邁當岸氏族人

如果病患頭痛尋巫師求助，經過判定是中了其他巫師的法石巫術，則用茅草來被除。巫師右手食拇二指折左手中指，吹口氣，右手持茅草二枝，輕輕拂拭病患者頭的周圍，禱咒說：「○○巫師的病石出來！病石趕快出來。」巫師低下身體以嘴在病患者的病痛處吮吸，把法石或巫草吸出來。吸出來之後又禱咒云：「現在我已經將○○巫師的法石吸出來了，你的身體自此就恢復健康了。」吸出之法石和作法之茅草則丟棄

於郊外隱密處，不能讓人看到，否則前功盡棄。

這是黑巫師施邪術致人頭痛生病，要請其他巫醫來醫治，才能除咒。有時候，所請巫醫的法力，無法破解除咒，則要回到原施咒者巫師，請求其解咒，才能事功，但是要贈送厚重的酬禮。

十四、巫醫皮膚搔癢症診治

採錄者：田哲益

採錄地點：南投縣信義鄉馬拉飛部落

採錄時間：1993年6月03日

報導人：卡夫大日（Qa-vu-taz），卡社群·邁當岸氏族人

如果病患得到的是奇癢無比的皮膚痛癢病，全身都被抓的皮開肉綻，嚴重者致人死地。經過巫師判定是遭到別的巫師所施法的巫蠱黑巫術，此人是因為犯了禁忌（Tis-sa-mu），所以就中蠱了（Tis-ia）。

患者大多是竊盜者，田園裡可能種植有雜糧、蔬菜、水果等，田園主人會偷偷暗中請巫師施放「防竊巫草」或「防竊網袋」，防竊巫草或防竊網袋置在不易被發現或察覺的隱密處。一旦有人來此竊盜，此人就中了巫蠱黑巫術了。其人的身體上下全身痛癢無比，經常痛癢的躺在地上翻來覆去，痛苦呻吟。

經巫醫判斷是中了防竊巫草或防竊網袋法術致病，則診治的巫師也用防竊巫草或防竊網袋與茅草一起為病人被除解禁。如果原施法的巫師法力高強，則無法破解，患者必須找到原施法術的巫師，求其原諒並為

1 | 2

1. 布農族巫醫施術
2. 巫師祓除儀式

之祓除解禁，還要準備豐厚的謝禮。

　　本則敘述竊盜者中蠱致皮膚奇癢，一定要請巫醫解除咒術，皮膚奇癢症才會消除。

十五、巫醫瘡膿病之診治

採錄者：田哲益

採錄地點：南投縣信義鄉馬拉飛部落

採錄時間：1993年6月03日

報導人：卡夫大日（Qa-vu-taz），卡社群‧邁當岸氏族人

　　如果病患者因身體腫起生瘡膿（Ha-nus-nus），病情非常疼痛嚴重，是會要人命的。巫醫如果用「茅草祓除法」不能夠治癒，則必須用「巫石祓除法」才能夠奏效。

　　巫師將巫石法器拿出來，放在左手拇指邊上占卜一下，看看巫石

（巫石是橄欖球形）是否能夠直立，若倒下，表示此病不能夠醫治，病人會死亡；如果能夠站立，則表此可以治癒。

巫師用盛著巫石的瓶子或盒子輕拂病患瘡膿處的周圍，同時一面問道：「是不是○○（物體名）在裡邊？是不是○○（物體名）在裡邊？我現在用我的巫石來破除，我的法力可以治好這個人的瘡膿，病魔迅速離開。」

在患者瘡膿處拂過後，巫師用口在患處吮吸，把瘡膿吸出來，將瘡膿線（But-but）拉出來，病患的疼痛漸漸的輕微而逐漸消失。巫師診治瘡膿病，病患者家必須殺豬，以為酬神和酬謝巫師之禮。

本則敘述身體腫起生瘡膿非常嚴重，巫師就必用「巫石祓除法」治病。

十六、尋找失蹤的人之巫術

採錄者：田哲益

採錄地點：南投縣信義鄉馬拉飛部落

採錄時間：1993年6月03日

報導人：卡夫大日（Qa-vu-taz），卡社群‧邁當岸氏族人

「尋人」（Kilim-mi-nusbai-bunun）：孩子遠遊不歸或逃家（isqalmang）至遠處躲藏，以及妻子離家出走（Musbai），或家有變故緊急招回親屬等，均可求助巫師施法（Ma-ti-haul），招回他的魂，巫師以茅草作法，被招回的人會在茅草上顯現其形影以及他所在的地方。

巫師施法後被巫師招魂的人，便會開始焦慮不安，非常思念家人及家鄉，便會歸心似箭的回家了。

此外，遭活埋、被水流走等，家屬遍尋屍首仍然找不著，也可以求助巫師施法找尋，在茅草葉上，也會現出屍首所在的地方。

1981年間，曾發生同事友人的兒子在濁水溪玩水，結果孩子被溪水流走了，他們沿著濁水溪找到海邊都沒有下落，最後求助卡夫大日巫師施法尋找，卡夫大日巫師指示他們：「流失者還沒有流到遠處，就在附近的龍神橋一帶被石頭卡住。」他們在這一帶仔細尋找，結果找到了屍首。

此外，在1960年代，住在洽波石（在屬迪巴恩部落的部分，平坦部分則屬羅羅谷部落）的舅公，帶著一個兒子（當時約是國小四年級）上山狩獵，結果颱風來襲，兩人沒有按照預定的時間回返到家，家人開始擔心他們的安危，便請求卡夫大日巫師施法尋人，卡夫大日巫師指示他們：「已遭土石流活埋，無法尋回。」家人上山尋找，他們居住的狩獵小屋果然被整座山的土石流掩埋，根本無法挖掘。

十七、尋找失物之巫術

採錄者：田哲益

採錄地點：南投縣信義鄉馬拉飛部落

採錄時間：1993年6月03日

報導人：卡夫大日（Qa-vu-taz），卡社群‧邁當岸氏族人

「尋物」（Kilim-minu-punhav）：東西物品器物遭竊，也可以請巫師找尋失物，物品也會在巫師的茅草法器上現出物品所在的地方。首先巫師將茅草沾水，把葉的基部展開，喃喃念誦著咒語，輕敲或摩擦茅草，藉著陽光的折射即可在茅草葉片上看到偷盜者的面容影像，知道了竊盜者為何人，巫師即加以施法術，念咒說：「你這個小偷，快快還物來，如果不盡速還來，將施以更嚴重的懲罰，給你變成歪嘴巴，讓人都知道你是小偷。」被施法的盜賊會感到極度不安而自動偷偷送還竊物，物歸原主。

偷盜是不恥的行為，巫師也有維持社會秩序的功能，對於偷盜者會施以處罰，讓其「歪嘴巴」，永遠留下「偷盜者」的形象，使其無臉見江山父老。

十八、驅除蟲害之巫術

採錄者：田哲益

採錄地點：南投縣信義鄉馬拉飛部落

採錄時間：1993年6月03日

報導人：卡夫大日（Qa-vu-taz），卡社群‧邁當岸氏族人

布農族有專治「蟲害」（Lapaspas-ivutaz）的巫術。每年快要到小米結實的時候（約5、6月份），田中的蟲害特別多，就會請巫師來施法除蟲。

驅除蟲害要在小米田舉行，巫師在田中抓起一隻蟲，把牠吃下去，然後手持茅草趕蟲，繞著小米田走一圈，經過田園的四個角落的時候，每個角落都要抓一隻蟲來吃，禱咒說：「我是專門來吃你們的，你們快點逃走

吧,我要把你們全部吃光光。」手上一面揮舞著茅草,手勢狀似趕蟲。

本則敘述布農族古代在山田裡驅除蟲害的儀式。這是一種恐嚇害蟲的儀式,繞轉著小米田一圈,不斷地吃下害蟲恐嚇害蟲,這樣一來,害蟲就會害怕,就全部飛走離開了。

十九、巫石致人生病之巫術

採錄者:田哲益
採錄地點:南投縣信義鄉馬拉飛部落
採錄時間:1993年6月03日
報導人:卡夫大日(Qa-vu-taz),卡社群・邁當岸氏族人

巫師在布農族人社會中受到族人的敬畏,族人平常宴會時,喝酒一定要先請巫師,狩獵獲有山獸肉,要送一些獸肉給巫師,以示孝敬和討好。不然的話,有些巫師會不高興,會放「法石」、「巫草」或其他東西到他身體裡讓他生病。這種巫術叫做「Ma-tas-ii」。

古代人對巫師都很畏敬,若有人對巫師不敬時,如獵人背了獸肉經過巫師面前,沒送肉給他,巫師生氣了,可能就會施法使他生病。

1|2

1. 馬拉飛部落
石板屋
2. 布農族竹茅草屋
(九族文化村)

　　巫師放法石出去害人，對巫石或巫草禱咒說：「到某人身體的要害處去。」說罷，伸手將法石送了出去，法石就進入了人的身體內。巫師的法術是種植在他們的雙臂內的。他要加害人時，自其上臂吹一口氣，害人的法石即自臂內射出，被加害的人就罹患疾病了，稱為「Tis-ia」（迪斯鴨，即中蠱）。

　　放法石的巫師法力高強，則其他巫師不能破解，縱使能夠把放進去人體的穢物吸了出來，但是它又會進入人體。因此解除之法，必須找到原施黑巫術放法石之巫師，請其醫治方可。

二十、馬斯鴉中蠱黑巫術

採錄者：田哲益

採錄地點：南投縣信義鄉馬拉飛部落

採錄時間：1993年6月03日

報導人：卡夫大日（Qa-vu-taz），卡社群・邁當岸氏族人

　　黑巫術可致人「中蠱」（Tis-ia）得到怪病，「馬斯鴉」（Mas-ia）巫術的法器是將它放置在不易看見或發現的隱蔽地方，稱為「Is-pa-la-sung」（伊斯巴拉送），意即「誘其中蠱之物」。別人觸碰到它的時候，就會Tis-ia（中蠱），以達到懲罰遏阻之目的。

　　當自己的權益受到侵擾時，族人便會找巫師商議尋求解決的方法。主人延請巫師施行黑巫術「馬斯鴉」（Mas-ia）。施法「馬斯鴉」的時機，大致有以下的原因：

（一）獵區被侵占（Qa-lavan qa-nu-pan）：古代的獵區是有分配的，外人侵入非法狩獵，因為不熟悉別家的獵區，容易觸碰到主人請巫師設置的「馬斯鴉」即中蠱。

（二）農地被侵墾（Qalavan-dalaq）：在農地邊界放蠱，有侵墾越界者，觸碰即中蠱。

（三）農作物被偷竊（Tang-qa-iun sin-suaz）：偷盜作物者觸碰即中蠱。

（四）家畜被偷竊（Tang-qa-iun sin-nai-puk）：包括飼養的豬、羊、雞等，觸碰即中蠱。

（五）錢財被偷竊（Tang-qa-iun su-i）：偷竊者觸碰即中蠱。

（六）衣物被偷竊（Tang-qa-iun hu-lus）：偷竊者觸碰即中蠱。

（七）家具被偷竊（Tang-qa-iun qai-mang-sut）：偷竊者觸碰即中蠱。

「馬斯鴉」是由三種巫草「Salinta」（沙林大）、「Sa-ngal saval」（沙囊兒沙發兒）及「Du-li」（督利）三種植物所製而成蠱，普通置放於容易被外人觸碰，但是又要保持其隱密性以免被發現。人若不小心碰觸了就會全身發紅急性發癢，抓得全身流流，痛苦的在地上翻來覆去打滾。犯了禁忌而觸碰中蠱者，只有向主人自首並殺豬道歉，要求主人為他請求原施蠱者為他解蠱，巫師訓斥告誡他悔改惡習，就帶他到中蠱的地方解蠱。

巫師抓著犯禁者的右手，一手拿著蠱物（Is-pa-la-sung），在犯禁者的全身上下左右揮動，禱咒云：「犯禁者中了我的蠱，他已經表示懺悔，我現在要終止他的身體繼續搔癢，解除他的痛苦，奇癢的疥瘡、紅癬，離開他的身體吧，讓他的身體恢復健康吧！期望他以後不要再犯禁忌。」據說解蠱後立即痊癒，犯禁者為了表示對主人和巫師的歉意和謝意，在家裡殺豬擺桌，宴請主人和巫師。

1|2

1. 布農族射耳祭
2. 布農族類成年禮拔牙

本則敘述巫師用三種植物製「蠱」，是專門防制和懲罰犯禁者。

二一、田園裡的巫蠱網袋

採錄者：田哲益

採錄地點：南投縣信義鄉馬拉飛部落

採錄時間：1993年6月03日

報導人：卡夫大日（Qa-vu-taz），卡社群・邁當岸氏族人

「巫蠱網袋」（Da-vaz patis-ia）大都設置在田園裡，為防止田園的作物被偷竊，將之掛在隱密處卻容易被竊盜者觸碰而中蠱。施行黑巫術的巫師之身分是不能夠暴露的，求助的主人要偷偷的宴請巫師，以免暴露巫師的身分（這位巫師可能是本地的巫師，也可能是外地的巫師）。

「巫蠱網袋」（為男用獵袋，女人也有專用的婦女網袋）內的致病物有繩子、子彈、箭、蛇骨、項鍊、石頭、鐵釘等，這些都是巫師施咒過的法器，而且這個網袋必須是裝捕過的野獸或出草獵獲的敵首。這樣的法器基本上就已經具備靈（蠱）性了。

「繩子」（Sing-kus）：把竊盜者綁起來。

「子彈」（Savis）：射擊竊盜者。

「箭」（Kus）：射擊竊盜者。

「蛇骨」（Ivut tuqnaz）：讓竊盜者似蛇在地上翻滾。

「項鍊」（Qulus）：讓竊盜者動彈不得，在原地翻滾打轉。

「小石頭」（Lak-da）：細石攻心。

「鐵釘」（Toq-toq）：鐵釘刺心。

竊盜者碰觸巫蠱網袋，就會 Tis-davaz（中了網袋蠱），得了網袋病，手腳或身體某一部分會彎曲而不能夠伸直，呈扭曲狀不能起身行動。竊盜者當場被主人人贓俱獲。

竊盜者若有悔意，就會請原施蠱者（Matasii）為他解蠱（有時候其他巫師無法破解，但法力比原施蠱巫師高強者，可以破解）。巫師抓著偷竊者的右手，一手拿著「巫蠱網袋」，在偷竊者的全身上下揮動，並念咒解蠱。

本則田園裡的「巫蠱網袋」是讓偷盜者中蠱的。據說法術很高強，中蠱者每每痛不欲生。

二二、黑巫術蠱術之法器

採錄者：田哲益

採錄地點：南投縣信義鄉馬拉飛部落

採錄時間：1993年6月03日

報導人：卡夫大日（Qa-vu-taz），卡社群‧邁當岸氏族人

為了保護自己所屬的財物，防患於未然而有蠱術，布農族黑巫術蠱術，依放蠱的法器有多種，法器不同而中蠱，造出各種疾病。

（一）「巫蠱網袋」（Da-vaz patis-ia）：以男用狩獵網袋包裝致病蠱物，接觸即得網袋病（Tis-davaz）。

（二）「巫蠱羊皮袋」（Qasban patis-ia）：用山羊皮包裝致病蠱物，接觸即得獸皮病（Tis-qasban）。

（三）「巫蠱女用網袋」（Sivazun patis-ia）：以女用網袋包裝致病蠱物，接觸即得女用網袋病（Tis-sivazun）。

（四）「巫蠱繩索」（As-kus patis-ia）：用繩子把致病蠱物綑綁，接觸即得繩子病（Tis-as-kus）。

（五）「巫蠱背簍」（Palangan patis-ia）：將致病蠱物放在籃子裡，接觸即得籃子病（Tis-qalangan）。

（六）「其他」：經巫師念過咒的致病物。

布農族傳統生活

本則黑巫師巫蠱之術的法器有：巫蠱網袋、巫蠱羊皮袋、巫蠱女用網袋、巫蠱繩索、巫蠱籃子等。

二三、黑巫術烹煮人魂

採錄者：田哲益

採錄地點：南投縣信義鄉馬拉飛部落

採錄時間：1993 年 6 月 03 日

報導人：卡夫大日（Qa-vu-taz），卡社群・邁當岸氏族人

黑巫師施法是在祕密無人知道的情況下進行，很少公開儀式。烹煮人魂即招人之魂而殺死的巫術，此術要在深夜時進行，人處於睡酣之中，容易捉到欲加害者的靈魂。

黑巫師把巫石放在豬肉邊，對巫石施咒說：「去把某人的靈魂帶來這裡。」不久，巫石就把欲加害者的靈魂帶回來了，巫師將巫石放入葫蘆中，某人的靈魂亦入其中，並把葫蘆蓋起來，用布包裹起來。

接著拿出一個小葫蘆，內放一塊豬肉或豬血，然後以茅草施法念咒，將大葫蘆中人的靈魂移入小葫蘆內，把小葫蘆蓋好，否則人魂會跑掉。被捉走靈魂的人，身體馬上就變得瘦弱疲乏。

黑巫用破舊的鍋蓋烹煮靈魂，將小葫蘆放下去，加些野姑簍芋葉、辣椒及 Qa-zam（卡然姆）鳥等，一經蓋起來，就不能夠再打開來看，一直煮約四小時，靈魂就被煮死了。被施以黑巫術的人，並不是馬上就死去，他的身體會漸漸衰弱，皮膚發黑、無精打采、無力走路、食欲不振，過了兩、三年才會慢慢死去。

本則是敘述布農族黑巫術烹煮人魂的情形，被烹煮的人，經過了兩、三年才會慢慢死去，既恐怖且殘忍。

二四、黑巫術玩弄人魂

採錄者：田哲益

採錄地點：南投縣信義鄉馬拉飛部落

採錄時間：1993年6月03日

報導人：卡夫大日（Qa-vu-taz），卡社群‧邁當岸氏族人

───────────────────────

　　黑巫師把人魂招來而玩弄（Ma-tus-qung）。被施以這種蠱術的人，大多是犯禁的人，施術在黑夜中舉行，被施術者會精神失常、傷眼、瞎眼、抽筋、歪嘴、肚子痛等。

　　「精神失常」（Pina-naulun）：把欲加施法者的靈魂叫來，放入火藥中燃燒，靈魂一燒就分散了。以後此人遊魂四處飄蕩，慢慢的就會死掉。

　　「傷眼」（Mateqav）：巫師於晚上施咒，簸箕裡面放巫石，左手握著茅草，念咒語請巫石把欲加害的靈魂抓來，靈魂來時茅草葉上會顯示人影來。把茅草葉折過來，以葉尖刺其人之眼，被施術者的眼睛就會生起眼病來，若要使其「瞎眼」（Mateqav），則用針刺茅草影中人之眼，使其雙眼失明。

　　「抽筋」（Tin-pus-kuz）：巫師用巫石把人的靈魂捉來，放到獸筋裡邊去，用火把碰獸筋，施咒後，此人就會一直抽筋，而且愈來愈嚴重，生活很痛楚。

　　此外，有人偷盜財物，巫師也可使他「歪嘴巴」（Pu-ngi-hu）或「肚

子痛」（Ma-saq-bit tian）。

古代布農族人，日常須戰戰兢兢，不要違犯禁忌，否則會被巫師施蠱之術，讓其精神失常、傷眼、抽筋、歪嘴巴、肚子痛等。

二五、盜竊者使其歪嘴巴黑巫術

採錄者：田哲益

採錄地點：南投縣信義鄉馬拉飛部落

採錄時間：1993年6月03日

報導人：卡夫大日（Qa-vu-taz），卡社群・邁當岸氏族人

有人家裡遭竊，心有不甘，於是求助巫師尋找失物，巫師用「茅草占卜法」尋找失物，茅草沾水，巫師開始念誦咒語，偷竊者的臉龐會顯現在茅草裡，就找到竊盜者了。

巫師便會問失主是否要請竊盜者歸還失物，有些失主不要求歸還失物，但是請巫師讓盜者成為「歪嘴巴」以示永遠懲罰。不多久，盜者的嘴巴慢慢成為「歪嘴巴」，於是大家就都知道了他曾經竊盜過別人的財物，實在是無臉見人。中蠱而歪嘴者，原施術者必須用巫石診治，讓其恢復正常的嘴巴。

偷盜會讓自己丟臉丟到家，小時候見過一些「歪嘴巴」的人，有男有女，人們傳說他們是偷過東西的人，現在布農族已經沒有巫師會施法術，所以沒有再見到「歪嘴巴」的人。

二六、黑巫術滅門

採錄者：田哲益

採錄地點：南投縣信義鄉馬拉飛部落

採錄時間：1993年6月03日

報導人：卡夫大日（Qa-vu-taz），卡社群‧邁當岸氏族人

....

「滅門」（Ma-pa-latpu）是很狠毒的蠱術，此術須在黑夜施行。巫師偷偷的到仇家門口，將門前的泥土挖一點起來，裝入葫蘆裡，把葫蘆放進鍋中煮（與烹煮靈魂方法同），這樣就可以把仇家的人全部予以殺害，因為所煮的泥土是全家人天天踩過的泥土，煮泥土就等於煮全家人。

本則是敘述布農族最恐怖、最殘忍的巫蠱之術。

二七、戀愛巫術

採錄者：田哲益

採錄地點：南投縣信義鄉馬拉飛部落

採錄時間：1993年06月03日

報導人：卡夫大日（Qa-vu-taz），卡社群‧邁當岸氏族人

....

戀愛（Min-paka-duu〔敏巴卡督〕，或 Min-paka-sial〔敏巴卡西哈爾〕）：一對男女，有一方單戀對方，另一方則不理不睬，單戀的一方從巫師處求得愛藥，暗使對方服下，就可以如願以償讓對方愛上他了。

　　一對怨偶成仇，他們的家人不忍心他們離異，亦可以暗中讓他們雙雙服下愛藥，以後就會和好如初，相敬如賓了。

　　愛藥是包起來的肉類製成的，由巫師在家中施法。巫師用巫石施術，把這一對男女的靈魂招來放進愛藥內，然後用手輕拂著愛藥，對他們的靈魂說：「以後你們會相愛、友善，看吧！你們的靈魂已經融洽在一起了。」此藥不能夠讓當事者知道，否則當事者心靈強烈抗拒，就不會產生效果了。

　　這是使不愛的人相愛，使離異的夫妻復合之術。所使用的法器是「愛藥」，給吃「愛藥」是在祕密的情況下進行，絕對不能夠讓被施法者知道，否則無法奏效。

二八、夫妻離異黑巫術

採錄者：田哲益

採錄地點：南投縣信義鄉馬拉飛部落

採錄時間：1993年6月03日

報導人：卡夫大日（Qa-vu-taz），卡社群‧邁當岸氏族人

　　不相愛的男女，巫蠱之術可以使其相愛，同樣的，恩愛夫妻可能在不知不覺中得罪了巫師，巫師也可以施行黑巫術讓他們反目成仇而離散。

　　黑巫師用巫石把二人的靈魂召來放在蜈蚣上，禱咒說：「我要讓你們離散，你們分開吧！」將蜈蚣切成兩段，首尾即向兩個方向離去，恩愛夫妻就這樣離異了（Ma-pa-lak-tan）。

另有一種夫妻離異之術,黑巫師在食物上施咒,禱咒說:「吃了這個食物後,夫妻失和,太太會跑掉,最終離異。」

這是一則黑巫術,致使夫妻離異的蠱術,實在是非常殘酷。

二九、致婦女懷孕巫術

採錄者:田哲益

採錄地點:南投縣信義鄉馬拉飛部落

採錄時間:1993年6月03日

報導人:卡夫大日(Qa-vu-taz),卡社群・邁當岸氏族人

巫師除了可以使不相愛的人相愛,也可以讓不能生育的婦女懷孕生子。巫師以茅草拂拭女人的身體,用咒術除去她身上不能生育的障礙,使她能夠懷孕。巫師禱咒向上天要小孩:「崇高的天神,巫師的列祖列宗,懇求您賜給這位一直想要有孩子的婦女吧! 她躺在床上仰望著您們的幫助。」

巫師向天要到小孩之後,以右手食指在婦女肚臍的下方各處撫摸一會,最後用力一指把小孩送進去婦女的身體,此後這位婦女就會懷孕了。

有的巫師的「婦女懷孕術」是偷取別人懷了孕的孩子,移入求助婦女的身上,使他生孩子。這是屬於黑巫師巫蠱之術,這種邪術只有很壞的黑巫師才會使用。本則布農族盜偷人孩子的巫蠱術之「懷孕術」,實在是沒有良心的黑巫師。

三十、致婦女墮胎巫術

採錄者：田哲益

採錄地點：南投縣信義鄉馬拉飛部落

採錄時間：1993年6月03日

報導人：卡夫大日（Qa-vu-taz），卡社群‧邁當岸氏族人

....

　　黑巫術可以讓婦女懷孕，亦可以使其「墮胎」（Min-uman）。黑巫師用茅草輕拂孕婦的下體，並念誦咒語說：「出來，出來。」孕婦就會流產了。

　　古代布農族人想要墮胎，就令孕婦吃下大量辣椒，然後把木炭粉末加水喝下，約過一小時，其胎即下。甚或有些人以猛力撞擊腹部，使胎墜下。

　　本則吃辣椒與木炭粉末加水喝，以及猛力撞擊腹部，使胎墜下，都是十分殘酷的行為。

三一、抗巫巫術

採錄者：田哲益

採錄地點：南投縣信義鄉馬拉飛部落

採錄時間：1993年6月03日

報導人：卡夫大日（Qa-vu-taz），卡社群‧邁當岸氏族人

....

　　法力高強的巫師不但可以為人治病，也可以施邪術讓人生病或死亡，他還可以製作一種防巫的法器（手鐲或項鍊），讓人佩帶在身上，則其他的巫師縱然設法要加害於他也無法在他身上做功。這種防巫的法器是經過巫師施咒的。

　　本則是抗拒巫蠱之術，用以防護身心的法器，它可能是「手鐲」或「項鍊」，是經過法力高強巫師所施咒製成的，則人可以防禦巫蠱之術侵身。

三二、卓社群人的祭祀

採錄者：田哲益、全妙雲
採錄地點：南投縣信義鄉馬拉飛部落
採錄時間：2011 年 8 月 10 日
報導人：谷明順（Ti-iang），卡社群・邁當岸氏族人

....

　　古代卓社群與卡社群人的關係非常密切，他們常一起舉行祭祀，後來獨立各自成一社群。

　　有一回，卓社群人要回到卡社群 Sum-suman（祭祀地）的地方，參加祭祀慶典，由於下大雨，河水暴漲，無法前往參加。他們就在兩岸互相叫喊，卓社群的人說：「我們應該怎麼辦呢？河水這麼湍急，根本不能渡河參加祭祀。」卡社群人說：「這是天意，也是沒有辦法的事情，不如你們就自己舉行祭祀吧！」卓社群人說：「但是 Laq-laq（豬骨串）法器在你們那裡，沒有法器我們怎麼舉行祭祀呢？」卡社群人說：「那麼你

們就用 Pis-tav（頁岩）作為法器吧！」卓社群人又說：「我們也沒有祭祀用的綠豆（La-ian），綠豆也在你們那裡！」卡社群人說：「那麼就用樹豆（Qali-dang）作祭吧！」

經過這一次因為無法過河參加祭典，自此卓社群人開始自行舉行。至今他們舉行祭典的時候，就是以 Pis-tav（頁岩）作為祭祀法器。

這是卓社群人與卡社群人分群的故事，尤可注意的是，卓社群人的祭祀法器是 Pis-tav（頁岩），卡社群人的祭祀法器是 Laq-laq（豬骨串）。

三三、卡社群人祭祀的依據

採錄者：田哲益、全妙雲

採錄地點：南投縣信義鄉馬拉飛部落

採錄時間：2011 年 8 月 10 日

報導人：谷明順（Ti-iang），卡社群・邁當岸氏族人

從前有兩個太陽輪流出現，大地沒有晝夜之分，人們的生活非常痛苦，卡社群 Malas-lasan（馬拉斯拉散，漢姓甘）氏族的祖先就前往把一個太陽射瞎了，變成了月亮。月亮很生氣，把他抓起來問話，赦免了

1|2

1. 獵獲野鹿
2. 獵獲野豬

他，但是回去以後要依據月亮來舉行各種祭儀。

古代卡社群人要舉行祭儀，都會詢問 Malas-lasan 氏族的人，因為只有這個氏族的祖先曾經被月亮面授祭儀和指導，也唯有他們最清楚有關的祭祀與儀式。

本則故事說「馬拉斯拉散」氏族就是布農族征伐太陽的英雄。被射中眼睛的太陽變成了月亮，月亮指導了這位英雄各種祭儀，布農族人開始舉行了各種繁複的祭典儀式。從本則敘述，可以知道布農族的宗教祭儀活動，從更早的時代，就已經開始了。

三四、布農族杵音傳入邵族

採錄者：田哲益、全妙雲
採錄地點：南投縣信義鄉馬拉飛部落
採錄時間：2011年8月10日
報導人：谷明順（Ti-iang），卡社群‧邁當岸氏族人

南投縣信義鄉馬拉飛部落最先原有五、六家邵族人居住，其後布農族「Bun-bun」社（文文社）的布農族人二家（漢姓幸），最早與邵族人同住在一起，兩族人開始通婚，布農族的傳統杵音就傳入了邵族的樂章。

本則敘述最早遷徙潭南部落的家族，大約是在清代時期，同時把布農族的傳統杵音傳入了邵族。台灣有杵音樂章最著名的兩個族就是布農族和邵族，但是兩族的演奏方式不完全相同。

三五、彩虹出現象徵雨過天晴

採錄者：田哲益、全妙雲

採錄地點：南投縣信義鄉馬拉飛部落

採錄時間：2011 年 8 月 10 日

報導人：谷明順（Ti-iang），卡社群‧邁當岸氏族人

⋯⋯⋯⋯⋯⋯⋯⋯⋯⋯⋯⋯⋯⋯⋯⋯⋯⋯⋯⋯⋯⋯⋯⋯

　　「彩虹」是上天的 Sin-pa-qais（雨天和晴天的界線），久雨後，如果天上出現了「彩虹」，意指這個地區已經雨過天晴，不會再下雨了。所以古代人很尊敬「彩虹」，久雨不晴，就很期待「彩虹」快快出現，天候燦爛光明。古代人禁忌以手「指」彩虹，傳說手指頭會變短。

　　這是一則布農族人的「彩虹」信仰與禁忌。

三六、布奴克星是開墾儀式的依據

採錄者：田哲益、全妙雲

採錄地點：南投縣信義鄉馬拉飛部落

採錄時間：2011 年 8 月 10 日

報導人：谷明順（Ti-iang），卡社群‧邁當岸氏族人

⋯⋯⋯⋯⋯⋯⋯⋯⋯⋯⋯⋯⋯⋯⋯⋯⋯⋯⋯⋯⋯⋯⋯⋯

　　夜空中有一組星星聚在一起，在卡社群裡於 8、9 月分的時候，有一個祭儀叫作「Mun-qa-nian」（意即象徵性開墾）。祭司（Liskadan lusan）會觀察天上的「Bu-nuk」（布奴克）星，認為時機已到，便會向部落

族人宣布舉行象徵性開墾儀式。

首先在預備開墾的土地上，選擇一小片地方作為象徵性的開墾與整地，返家後，夜晚要行夢占，次日，吉夢者即決定開墾這片土地，凶夢者即放棄開墾這片土地，另找尋他地。

土地經過開墾可茲利用耕種農作物，就會舉行「Pu-daqu」儀式（播種象徵儀式），其後才是全面的播種工作。

本則敘述祭司觀察 Bu-nuk（布奴克）星，作為 Mun-qa-nian（象徵性開墾）儀式的依據，並舉行夢占（Mat-taisaq）和「Pu-daqu」儀式（播種象徵儀式）。這些儀式全部完成，就是全面的播種工作開始。

三七、貓頭鷹與孕婦

採錄者：田哲益、全妙雲
採錄地點：南投縣信義鄉馬拉飛部落
採錄時間：2011年8月10日
報導人：谷明順（Ti-iang），卡社群・邁當岸氏族人

「貓頭鷹」是布農族卡社群人的吉祥鳥，一個家庭若有媳婦，貓頭鷹便飛來或停棲在樹上，牠是來報喜的，告知這個家，媳婦已經懷孕了，即將有

1. 布農族人喜歡同杯喝酒
2. 傳說貓頭鷹會報訊婦女懷孕

小孩出世。而且也可以預知是生男或生女。公貓頭鷹飛來則生男，母貓
頭鷹飛來則生女。公貓頭鷹的叫聲是「Qu-qu-qu」（克克克），母貓頭鷹
的叫聲是「Qui-qui-qui」（歸歸歸）。

這是「貓頭鷹」報訊通知家裡婦女懷孕的故事，也具有提醒孕婦要
多加注意保健身體。

三八、迪洋都利的故事

採錄者：田哲益、全妙雲
採錄地點：南投縣信義鄉馬拉飛部落
採錄時間：2011年8月10日
報導人：谷明順（Ti-iang），卡社群‧邁當岸氏族人

....

有一位叫做「迪洋‧刀利」（Ti-iang tauli）的馬督拉雅安氏族人，他
是住在「Kalimun」舊社的人，他的身體很強壯有力。在「迪洋‧刀利」
的住家附近，他製作了許多 Pen-sul（用石頭堆成的石牆），做為他練習
賽跑、跳躍的地方。

「迪洋‧刀利」住家對面山的「Adusan」（阿督散）舊社的同為馬
督拉雅安氏族人，常常「Silalaa」（欺負、挑釁）他。有一回，他們
開戰了，「迪洋‧刀利」以「Ba-nuaz busul」（梅樹，有刺）為武器，
「Adusan」舊社的人用「Balin-sing」（一種樹）作為武器。

他們在溪底決鬥互抓（Pada-damu），結果「Adusan」舊社的人，各
個都流血受傷了，相互揹負扶持跟蹌的回家。

這個故事是告訴我們：「不要以多欺少，上天自會有公理的。」這是一則邪不勝正的故事。

三九、達給木蘇氏族出草遭天譴

採錄者：田哲益、全妙雲
採錄地點：南投縣信義鄉馬拉飛部落
採錄時間：2011年8月10日
報導人：谷明順（Ti-iang），卡社群‧邁當岸氏族人

....

　　古代「達給木蘇」（Ta-ki-mu-su）氏族人，喜歡出草獵人頭，他們常說「去採野菜」，結果回到家，帶回來的是人頭。

　　有一次，領袖（Lavian）令眾人從山下往山頂走，一個接一個手牽著手，一直爬到山頂上，戴紅帽子的人到達了山頂，便傳話下山：「我們可以大肆出草獵人頭了，因為我們的人數太眾多了。」天神生氣了，為什麼會有這麼惡霸的氏族，便使整座山崩塌下來，全部的人都被活埋了，這就是至今他們人數很少的原因。

　　「達給木蘇」氏族（漢姓平），可能是加入布農族的異族分子，以地名為氏族名（木蘇是地名）。他們可能與分布在郡大溪上游被郡社群人消滅的「Is-mu-mus」（依斯姆姆斯）及住在陳有蘭溪附近被鄒族滅亡的「木木茲」（Mu-mu-tsu）是同族。

　　傳說「達給木蘇」氏族原本不是卡社群的人，在過去「達給木蘇」氏族人會與卡社群人互相砍頭。也有一說：「諾阿南」（Nu-a-nan）氏族

出草「達給木蘇」氏族的時候，他們看到「達給木蘇」氏族有一男子和一群美麗的姑娘住在一起，諾阿南（Nu-a-nan）氏族就不砍下他們的頸項，把他們帶到「Lu-dun-huq-tung」（魯頓喝可動）養他們，後來「達給木蘇」氏族人遷移到「木蘇」（Mu-su，今合流坪地方），就變成「達給木蘇」氏族了。

四十、索該斯發賴

採錄者：田哲益、全妙雲

採錄地點：南投縣信義鄉馬拉飛部落

採錄時間：2011年8月10日

報導人：白桂梅（Sa-vung），卓社群·Pai-va-luan 氏族人

布農族卡社群的婚姻習俗裡，有一句話說「Suq-qis-valai」（索該斯發賴），意即隔三代即可通婚。「Valai」是一種低矮的草，人在這種草上走路時，此草會順著人走的方向倒戈；若人再回頭走回來，此草又會反方向倒向。布農族人以此草為意：姻親隔三代就可以通婚了。

布農族卡社群的婚姻禁忌，隔三代即可通婚，稱為「Suq-qis-valai」。但是在巒社群及郡社群則嚴禁五代以內婚姻，比較嚴格（嚴式）。卓社群和卡社群之婚姻則採取寬式。

四一、菲因菲因昆蟲與未婚懷孕

採錄者：田哲益、全妙雲

採錄地點：南投縣信義鄉馬拉飛部落

採錄時間：2011年8月10日

報導人：白桂梅（Sa-vung），卓社群‧Pai-va-luan 氏族人

....

　　有一種叫做「Ving-ving」（菲因菲因）的昆蟲，「Ving-ving」是「搖！一直搖」之意，可知這種昆蟲會一直搖著身體。「Ving-ving」昆蟲不會飛，常棲息在「Bul-bul-lan」樹上（一種河溪裡的樹）。

　　這種昆蟲不容易見到，若見到牠，則表示本聚落有女子未婚懷孕「Pisba-balu」（匹斯巴巴路）。

　　本則故事真是有趣的民俗，看到「菲因菲因」昆蟲，就知道本部落有「未婚懷孕」（Pisba-balu）的女子。

布農族小孩

布農族學童

四二、布農族的指示標記

採錄者：田哲益、全妙雲

採錄地點：南投縣信義鄉馬拉飛部落

採錄時間：2011年8月10日

報導人：白桂梅（Sa-vung），卓社群‧Pai-va-luan 氏族人

....

　　布農族人在山上有很多的指示標記，這種指示標記統稱為「Pisba-balu Sin-pas-ku」（匹斯巴巴路新巴斯庫）。大致上有以下數種：

（一）指示方向：可用茅草，其上打結，茅結朝向指定的方向。也可用樹草標示。

（二）獵人放置的鐵夾子：一般都會指示鐵夾子的位置，可用樹草指示（現在獵人用方便的塑膠紅線，也更醒目），以免其他獵人誤觸受傷。

（三）獵人放置的竹刺：這是專門抓大型動物的獵具，例如：山鹿、山豬、山羌、山羊等。獵人會在牠們從上躍下的地方放置這種陷阱，這種陷阱非常危險，一定要指示竹刺陷阱的位置，才不會誤殺其他的獵人。

（四）獵人放置的路槍：這也是專門抓大型動物的，路槍（Palasung）是放置在野獸路徑上，野獸誤觸機關，即被火槍開火射擊，這是最危險的陷阱，如果沒有指示標誌，獵人常會被誤擊而死。

　　另外還有一種指示標誌叫作「Sin-pali-buq-tung」，有東西或獵物，一時無法搬運回家，便會請人上山去取，除了要製作指示方向外，在物件的上方也要有明顯的標誌。有了這樣的標誌，其他獵人就不會擅自拿這些物件。

本則敘述布農族在山林指示標記的智慧，令人驚嘆與欽佩。

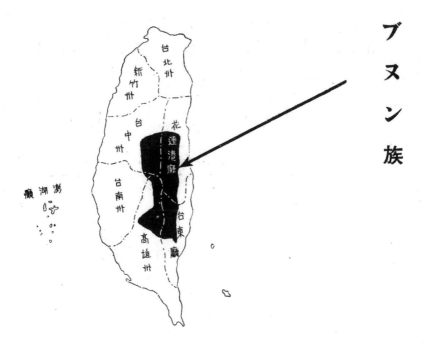

日治時期日人調查之布農族分布略圖

馬拉飛部落主聚落
地名傳說與典故

第八章

距離「達瑪巒」部落之北約 2.5 公里的「馬拉飛」部落，包括三個聚落，族人包括卡社群人與卓社群人。「馬拉飛」部落主聚落一帶，原為日治時代因水電工程，被迫遷徙的邵族人遷居地，還曾經與最早遷移此地的布農族人生活在一起，並且通婚。後來布農族人大規模的「集團移住」，日人又把邵族人遷移日月潭德化社（伊達邵）。遷移此地的卡社群人與卓社群人，係來自流經卡社的濁水溪支流兩岸、濁水溪上游兩岸，及丹大溪北岸大小十八個社。其中一部分遷移「達瑪巒」部落和「迪巴恩」部落。

「馬拉飛」部落的傳統地名有：「來督安」（Lai zuan）、「來達督安」（Lai da-zu-an）、「馬拉飛」（Ma-la-vi）、「瓦拉飛」（ua-la-vi）、「利利」（Lih-lih）、「馬索利利」（Ma-su-lih-lih）等。其中以「馬拉飛」（Ma-la-vi）最為流傳。

一、來達督安

「馬拉飛」主部落原地名叫作「Lai zuan」（來督安）或叫「Lai da-zu-an」（來達督安），即馬拉飛部落國民學校及教會所在的地方。

「da-zu-an」是「暫時的」、「臨時的」、「階段的」、「過度的」之意；加上了「Lai」，就變成「長久」、「永久」性質了。因此，「Lai da-zu-an」語意是「曾經暫時的」、「曾經臨時的」等，引申意思就變成了「占居的」、「占有的」。

此地原為邵族人居住地，布農族人移民此地時，日本人令邵族人遷返「Pa-qut」（巴庫特，即日月潭德化社）。據說最早遷徙到「Lai-zuan」（來督安）這裡居住的族人是「Tas-nu-nan」（達斯奴南）氏族人，叫做

「Qu-sung」（可頌）者。

目前「馬拉飛」部落的居民，以卡社群人占多數，還有少數丹社群人及卓社群人。「Lai da-zu-an」（來達督安）這個地名的命名法屬於「典故名型」。

二、馬拉飛

整個「馬拉飛」部落總稱為「Ma-la-vi」或「ua-la-vi」（瓦拉飛）。布農族人語「ua-la-vi」是一種「蕨類」植物的名稱，大概以前「馬拉飛」部落生長很多這種稱為「ua-la-vi」的蕨類，所以這個地區就總稱為「ua-la-vi」（瓦拉飛）。Ma-la-vi（馬拉飛）這個地名的命名法屬於「植物名型」。

族人稱呼或自稱潭南部落為「馬拉飛者」的說法，較為流傳。稱來達督安（Lai da-zu-an）者，只有老一輩的人才會知道。

三、利利與馬索利利

「馬拉飛」部落第一鄰稱為「Lih-lih」（利利），蕨類布農族語亦稱「lih-lih」。卡社群人最初遷徙到「馬拉飛」這個地區的時候，其中位在山麓的地名稱為「Ma-su-lih-lih」（馬索利利），意思是長有茂盛蕨類植物的地方。

蕨類植物的生長環境為溫暖潮濕地帶，馬拉飛海拔約 600 米，屬中台灣低海拔亞熱帶氣候，加上附近日月潭與濁水溪上游的水氣影響，蕨類植物長得肥美茂盛。「Lih-lih」（利利）與「Ma-su-lih-lih」（馬索利利）這個地名的命名法屬於「植物名型」。

　　潭南部落主聚落的地名稱呼，雖然有五、六種之多的稱呼，但是以稱呼「Ma-la-vi」（馬拉飛）為最盛行（Ma-la-vi 應是從 Ua-la-vi 音轉語變來的）。大凡一個地方，起初的時候創造了許多名稱，後來經過了長時間的淬鍊，始定尊於一。

四、馬拉飛部落的中文名

　　「馬拉飛」部落的中文名是「潭南」，意即「日月潭之南」。

布農族小孩成長禮

布農族狩獵祭

馬拉飛部落農耕地地名傳說與典故

第九章

大約民國 20 年，日本人強制布農族人自中央山脈舊社集團移住至本部落。日本人最先帶著幸氏、谷氏、何氏三家來此間勘查移住地點，日人屬意遷徙到水里鄉民和村平緩地區，但是族人認為在平地工作要彎腰，會比較辛苦，因此希望能夠遷移至山坡地，這樣工作就不需要費很大的力，腰也不會痛。又看上玉崙溪邊的山坡地，後來果真遷徙到了這個地區。（2018 年 3 月 11 日，馬拉飛部落，訪問耆老谷明順。）

本部落族人來自舊社的 Hatulan 社（谷氏、白氏）、Kahai-in 社（幸氏）、Kaqatas（幸氏）、Kali-muan（多氏族）、Asang-daingaz（幸氏、谷氏）、Kali-muan（何氏、谷氏）、Adu-san（甘氏）等舊社。

依據谷明順耆老之說，本部落的農耕地有數十處：

一、索力力

馬拉飛部落族人自中央山脈舊社遷徙，先遷徙到 Sulih-lih（日語稱 U-lavi），即今墳墓對面，在這裡住了不長的時間，又遷徙到目前主聚落。「Lih-lih」是蕨類植物，可食，則本地名之命名法屬於「植物名型」、「食物名型」。

二、來達督安

後來日本人把原先居住在 Lai da-zu-an（來達督安）的少數幾家邵族人，遷回伊達邵（舊稱德化社），布農族移民又遷徙到這個地方。「Lai da-zu-an」是占居的意思，則本地名之命名法屬於「典故名型」。本地目前是馬拉飛部落主聚落，鄰近也是農耕地。

三、忙達梵

本部落第二鄰的農耕地稱為「忙達梵」（Mang-da-van）。「Mang-da-van」意即「靠近懸崖」，則本農耕地名之命名法屬於「形象名型」或「地形名型」。

四、巴的不安

本部落第四鄰的農耕地稱為「巴的不安」（Pat-pu-an）。「Pat-pu-an」是「盡頭」、「邊陲」，這個農耕地位在部落的盡陲處，故名。則本地名之命名法屬於「方位名型」。位在第四鄰上方。

五、嘎納

本農耕地位於本部落主聚落對面的山，不明其農耕地命名法則。

六、谷弄

「Kunung」（谷弄）即「Ma-kunung」，意即「土地植物長不好」，則本農耕地名之命名法屬於「自然名型」。

七、紅固

「Hung-ku」（紅固），亦即「山凹處」、「山谷地」，則本農耕地名之命名法屬於「自然名型」或「形象名型」。

八、掰幸

「Bai-sing」（掰幸），位於「Hung-ku」（紅固）對面的山。不明其農耕地命名法則。

1|2

1. 布農族重力鐵陷夾與夾身陷夾
2. 狗與獵人一起狩獵

九、擬賀

「Ngi-hu」（擬賀），意即「嘴巴歪歪」，可能當時住在這裡的人，有「嘴巴歪」者，就因其形態加以諷笑。則本農耕地名之命名法屬於「型態名型」或「典故名型」。

十、丹西給

「Tan-si-ki」（丹西給），意即「邊遠」，本部落的水源地就在這裡。則本農耕地名之命名法屬於「方位名型」。

十一、布努爾

「Bunul」（布努爾），意即「沼澤」，山豬、山鹿等野生動物，會來到這裡泡澡，把身體塗得一身泥漿，這樣蚊蠅就不會飛來叮咬了。則本農耕地名之命名法屬於「形象名型」。

十二、母該珐

「Mu-qai-va」（母該珐），意即「手脫臼」，可能在這裡開墾的時候，有人的手脫臼了，即以此事故為地名。則本農耕地名之命名法屬於「身體名型」。

十三、哈飛

「Havi」（哈飛），不明其命名法，但是有一則關於「巨人」的故事。

這裡烙印了巨人（Tangav）的一個「巨大腳印」，另一個巨大腳印則位在達瑪巒部落的 Mahu-laulan 農耕地上。此地曾經有過小矮人的石板屋，據說水里鄉頂崁村的濁水溪上有巨人的三石灶，唯現在只剩下兩個巨石仍然屹立在那裡，另外的一塊被濁水溪淹沒或流走了，不得而知。

羅羅谷部落神話與
傳說故事

第十章

一、伊斯卡卡夫特氏族的祖先

採錄者：田哲益

採錄地點：南投縣信義鄉羅羅谷部落

採錄時間：早期採錄

....

　　「伊斯卡卡夫特」(Is-qa-qa-vut) 氏族傳說有兩個系統：

(一)原布農族巒社群「伊斯卡卡夫特」氏族。

(二)鄒族人加入「伊斯卡卡夫特」氏族。

　　傳說有些「伊斯卡卡夫特」氏族原本是鄒族的人，有一次鄒族人互相殘殺，其祖先逃到布農族巒社群的住居領域，被「伊斯卡卡夫特」氏族人保護，遂變成了「伊斯卡卡夫特」氏族人。不過因為年代久遠，已經無從知道哪些家族屬於鄒族人了。

　　又一傳說，「伊斯卡卡夫特」氏族是鄒族人變成布農族人，其祖先因故逃難到布農族的地方，被布農族「達西多哥散」(Tasi-tuqusan) 氏族人撫養，變成了「伊斯卡卡夫特」氏族人。

　　又傳說，「伊斯卡卡夫特」氏族是身軀很小的鼠類變成人，所以他們唱歌很嘹亮。

　　若依本則傳說故事則本氏族之命名法屬於「變形名型」或「動物名形」。有「伊斯卡卡夫特」部分家族是由鄒族人加入而來的故事，在民間也廣為流傳。

二、達斯卡比南氏族的祖先

採錄者：田哲益

採錄地點：南投縣信義鄉羅羅谷部落

採錄時間：早期採錄

報導人：田朝宗（Taupas），巒社群・達納畢馬氏族・達給斯卡比南亞氏族人

「達斯卡比南」（Tas-qa-bi-nan）氏族的傳說故事：

一、本氏族的祖先在一次集體出草返社時，藏匿出草所獵的人頭，其氏族就稱為「達斯卡比南」氏族，意即「暗藏人頭者」。布農語 Ma-qa-bin（馬卡鬢）是「暗藏」的意思。

二、本氏族的祖先是一位啞巴，不能言語，但是身體很強壯，有一次參加出草獵人頭，返社時，族人舉行慶功宴，在「馬拉斯達棒」（Ma-las-ta-pang）誇功會時，其他人都自報戰功，將自己如何獲得敵首暢述一番，唯獨這位啞巴沒有自報戰果，別人就笑他不英勇，他甚是不悅，便把所暗藏的敵首拿出來，眾人赫然一驚，竟然有七個人頭，原來他是此次出草的大功臣。此氏族的祖先因嘗暗藏人頭，其後代便稱「達斯卡比南」氏族，意即「暗藏人頭者」。則本氏族之命名法屬於「典故名型」。

三、現今許多分支的「達納畢馬」（Ta-na-pi-ma）亞氏族，其實是同一個祖先。在古老的出草時代，有一回 La-vian（領袖）帶著族人去敵族馘首，混戰後撤退。La-vian 檢查出草隊伍的成績說：「誰有砍下敵人的頭顱？」眾人齊說：「沒有！」只有一個人好像沒有聽到，可能他是耳聾，所以沒有回應，La-vian 也注意到了這一點，便要眾人把裝頭顱的

背袋集中在一起檢查，結果發現他有砍下敵人的一個頭顱。後人便稱呼其後代為「達斯卡比南」，意即「藏匿頭顱之人的後代」。

「卡比南」（Qa-bi-nan）意即「躲藏或躲藏處」。其實此人並非要把頭顱藏匿，而是因為他聽不到，所以沒有把頭顱交出來，不過仍有「藏匿」之嫌，所以稱他為「藏匿者」。這種氏族命名法屬於「典故名型」。

三、布農族建築住屋的故事

採錄者：田哲益

採錄地點：南投縣信義鄉羅羅谷部落

採錄時間：1992年8月01日

報導人：全阿笑（Vungaz），巒社群・達斯刀巴散氏族人

....

古代布農族人築屋，是用杉木做柱子。立柱建造房屋，布農族人以為是聖潔的工作，立柱的時候，不可以隨便講話，否則柱子會生氣而不堅固，當然更不可以放屁而汙衊了柱子。

有一天，族人們到深山砍伐杉木，準備構築住屋。當要把杉木搬運到擬定的築屋地點，先前數天，必須先釀酒（小米酒），等候杉木的駕臨。這個祭酒，任何人都不能先飲用，甚至也不能先濾清過（Ma-sas-put）。在杉木運抵之後，祭酒以告準備築屋之事，族人方可歡欣鼓舞的飲喝祭酒。

有一位長舌多嘴的婦女，好心到半路去迎接運拉杉木的族人，她不小心說漏了口風，她告訴族人：「準備為杉木接風的祭酒，已經過濾

羅羅谷部落入口射日意象　　　　　羅羅谷部落巫師舞

（Ma-sas-put），濾清過了。」

　　杉木聽見了，很生氣的說：「為什麼我還沒有到家，祭酒就先濾清（將酒渣與酒汁液分離）了！」杉木憤怒的鑽進土裡面，又從土裡面竄出來，又鑽進土裡面，又從土裡面竄出來，如是三次，杉木才停了下來。後來，布農族人在築屋的建材「杉木」還未到達家的時候，不會先把祭酒濾清或飲用，以示尊重用以立柱的杉木。

　　本則傳說故事情節要述如下：

（一）布農族人築屋，立柱的杉木族人認為是聖潔的。

（二）迎接從山上要立柱的杉木，必須要先釀製小米酒，等候杉木的駕臨。

（三）杉木運抵建築工地之後，祭酒以告築屋之事，祈祝保佑平安。族人方可飲喝這個祭酒。

（四）這個祭酒，任何人都不能夠先飲用，甚至也不能夠先濾清過，否則房子會不堅固、不安全。

（五）有一位長舌婦到半路迎接運拉杉木的族人，卻不小心觸犯了禁

上山搬運木頭建屋

日治時期布農族的石板屋

忌，說了些不該說的話。

(六)杉木得知要祭祀它的祭酒已經被濾清了，非常憤怒。

(七)杉木從土裡面竄出來，又鑽進土裡面，又從土裡面竄出來，如是三次，以示不滿未獲得尊重。

　　本則故事傳達的是布農族建築住屋的倫理儀式與信仰，過去布農族人是很堅信的，認為這樣住屋的安全與舒適，才能獲得保證，身心靈也才得以獲得寧靜與受到天神的祝福及保佑。

四、布農族的文字掉落海上

採錄者：田哲益

採錄地點：南投縣信義鄉羅羅谷部落

採錄時間：1992 年 10 月 17 日

報導人：全阿笑（Vungaz），巒社群‧達斯刀巴散氏族人

　　傳說布農族人古代是有文字的，在很早很早以前，布農族人從大

陸飄洋過海來到台灣，在今之台南登陸，在船上不慎把文字掉落海上去了，先人沒有把它撿回來，從此以後，布農族人就沒有文字了，一直到現在。

本則傳說故事情節要述如下：

（一）布農族人古代是有文字的。

（二）布農族人從大陸飄洋過海來到台灣。

（三）布農族人祖先在今之台南登陸。

（四）布農族人的文字是在遷徙過程中，在船上不慎把文字掉落到海上去，族人沒有把文字撈起來，從此就沒有文字了。

本則傳說是有關海洋與布農族文字的故事，並兼具「大陸來源說」。從本故事或可蠡測台灣的布農族人可能與大陸具有某種程度的淵源與關係，還尚須深入研究與探討。

五、洪水神話：螃蟹拯救人類

採錄者：田哲益

採錄地點：南投縣信義鄉羅羅谷部落

採錄時間：1992年10月17日

報導人：全賜元（Qai-vang），巒社群·達給斯海放岸氏族人

本故事原載：田哲益著《布農族的古老傳說》，潭南國小出版

....

從前，洪水氾濫地球，台灣整個島嶼只剩下叫「Tun-ku-savi」（東固沙菲，指玉山）的高山。人類、猴子、鹿、山羌、鳥類、山豬、蛇類

等，所有的動物全部都集中逃到「東固沙菲」山頂。人類與野生動物生活在一處很小的地方，山頂上的野獸也紛紛逃避洪水而至此。

人類逃難的時候忘了帶火種，遂叫「Kul-pa」（庫爾霸，即癩蛤蟆）去拿火種，癩蛤蟆把火含在嘴裡，結果火熄滅了；人類又叫「Qai-pis」（該皮斯，紅嘴黑鵯）鳥去拿火種，該皮斯鳥用嘴啣著火種，成功地交給了人類。

人類有了火種便可以烤火、熱食生活了，而且各種野獸就生活在周圍而已，族人想慢慢的宰殺他們來吃，但又怕洪水不洩致缺乏食物而滅絕。如果要殺一隻山豬，要先刺一刀看看是不是很肥，很肥才殺來吃，還不肥的就暫時留存，讓牠繼續生長，待時機成熟再殺來吃。

洪水氾濫淹沒大地，經過了一段很長的時間，人們過著慘澹痛苦、飢餓的生活。有一天巨蛇和巨螃蟹互咬，蛇先咬螃蟹，螃蟹反擊要剪蛇，蛇被螃蟹剪成兩段，結果洩洪了，野獸們四處奔逃。洪水退流到大海後，大地浮現了出來，又恢復原來的模樣。

本則傳說故事情節要述如下：

(一)洪水氾濫，整個台灣島只剩下玉山頂露在水面。

(二)人類與各種禽獸都逃難到玉山山頂上，共同生活在一起。

(三)布農族人沒有火種取暖或煮燒食物及照明用。

1｜2

1. 巨螃蟹把堵住出水口的巨蛇夾斷，就洩洪了

2. 大洪水時癩蛤蟆、紅嘴黑鵯都幫過族人取火

（四）布農族人叫「癩蛤蟆」尋找取回火種，癩蛤蟆把火含在嘴裡，結果火熄滅了，沒有完成任務。

（五）布農族人又叫「該皮斯」鳥取火，牠用嘴啣著火種，交給了布農族人。因此布農族人才得以安然渡過了洪水氾濫大地的時期。

（六）當時布農族人要吃野獸肉，先殺一刀看看是不是很肥，肥的才宰殺，不肥則不殺而放之，等肥了才殺，因為怕洪水不洩而造成食物缺乏。

（七）原來洪水氾濫大地是有一隻巨蛇堵住了河水出口。

（八）有一天巨蛇和巨螃蟹互咬，結果巨蛇被巨螃蟹剪成兩段，導致洩洪了。

（九）洩洪後，野獸們四處逃跑，免得被人們當成食物。

（十）大地又浮現了原來的模樣。

　　「大洪水」氾濫大地是世界性神話的母題，布農族派遣動物去取火種的情節尤其有趣；而螃蟹則拯救了人類。

六、洪水神話時期布農族人的神祕食物

採錄者：田哲益

採錄地點：南投縣信義鄉羅羅谷部落

採錄時間：1992年10月17日

報導人：全賜元（Qai-vang），巒社群‧達給斯凱方岸氏族人

....

　　傳說古代洪水氾濫大地，人們逃難到山頂，所有的動物們也都與人們生活在一起，所以人們的食物就不虞匱乏，當人們想吃肉，呼喚一

下，動物就走過來了，在動物身上割一塊肉，就可以飽餐數日。被割下一塊肉的動物，說也奇怪，很快地就會長出肉來。又據說在山壁上會流出一種汁液，這種汁液很有營養。這就是當年布農族人逃避洪水氾濫大地，得以存活的原因。

本則故事敘述大洪水時期布農族人食物的來源，例如：野獸被割一塊肉來吃，缺了的那一塊肉又會復原長出肉來，所以肉類來源不會缺乏；山壁上會流出源源不斷很有營養的一種汁液，讓族人度過了這段黑暗的時期。

七、地底下的有尾人

採錄者：田哲益

採錄地點：南投縣信義鄉羅羅谷部落

採錄時間：1992年10月18日

報導人：田豐盈（Qu-pil），巒社群・達納畢馬氏族人

本故事原載：田哲益著《布農族的古老傳說》，潭南國小出版

從前有一種人叫做「伊庫倫」（I-kulun 有尾人），他們生活在地底下，布農族人喜歡到地底下有尾人那兒作客，如果要到有尾人那兒作客，要削油柴（松木），添兩個背籠以照明。

因為有尾人只吸蒸氣不吃肉，肉則由布農族人吃，有尾人煮綠豆，也只吸蒸氣，不吃綠豆，綠豆則由來訪做客的布農族人吃，煮飯也是如此，所以布農族人喜歡到有尾人那兒作客，因為可以吃到豐富的飯食。

如果布農族人要到有尾人那兒作客，要先喊叫給有尾人暗號，待到達了地底，有尾人事先就都坐在舂臼上，因為他們不喜歡被布農族人看到他們長了尾巴。

有一次，布農族人沒有事先給有尾人暗號就莽莽撞撞的來到了地底，有尾人因為事先沒有準備好，所以亂成一團，雖然趕緊坐在舂臼上，但是來不及了，結果把尾巴都弄斷了。

有尾人非常非常地生氣，從此布農族人不可以再去有尾人那裡作客了，他們把通往地底的路堵住了。布農族人也不知道通往洞口的確實位置了。所以兩族從此就不再往來，更不知道地底人的情況後來如何。

當布農族人還到地底有尾人那兒作客的時候，他們偷盜有尾人的綠豆種子，他們把綠豆種子暗藏在男性的生殖器官包皮裡面，這樣才能把綠豆從地底成功偷盜到地面上來，布農族人就開始種植了綠豆。

以前老人說，人類的生活範圍有三種層面，住在地底的是有尾人（伊庫倫）；住在中間的是人類；住在天上的人類，脖子都長著肉瘤，而且臉是黑黑的，因為被布農族人燒墾田地的煙燻黑了。

本則傳說故事情節要述如下：

(一) 傳說中的「有尾人」稱為 I-kulun（伊庫倫），他們生活在地底下。

(二) 布農族人要到有尾人那裡拜訪作客，要削油柴（松木）添兩個背籠以照明。可見路途很遙遠。

(三) 有尾人煮肉，只吸蒸氣不吃肉；煮綠豆，也只吸蒸氣，不吃綠豆，煮飯也是如此，肉、綠豆、飯則由布農族人來吃，所以布農族人喜歡到地底下的有尾人那裡作客。

(四) 有尾人不喜歡被布農族人看到他們長著尾巴，布農族人也不知道

有尾人的臀部有尾巴。

（五）布農族人要到有尾人那裡作客，必須要先在進入地底人的洞口前
喊叫，給有尾人暗號，以便讓有尾人估算訪客到來的時間。

（六）訪客到來，有尾人事先就都坐在舂臼上，這樣才不會被布農族人
看到他們的尾巴。

（七）有一回，一批輕率的布農族人要到地底下有尾人那裡作客，事先
沒有給有尾人暗號就莽撞的到來，有尾人見狀趕緊坐在舂臼上，
因為一時緊張，結果把尾巴都給坐斷了。

（八）有尾人非常憤怒，再也不歡迎布農族人來訪，便把通往地底下的
洞口給堵住了。布農族人再也不能到地底了。

（九）布農族人還從有尾人那裡偷盜綠豆種子，使得布農族人開始種植
綠豆。當年，他們是把綠豆暗藏在男性生殖器官包皮裡面偷渡到
地上來的。

（十）傳說人類的生活範圍有三層，住在地底的是有尾人，住在中間的
是人類，住在天上的人類，脖子都長著肉瘤，而且臉是黑黑的，
因為被布農族人燒墾田地燻黑了。

本則故事情節內容豐富，除了敘述地底人的生活，也兼述了天上、
地上、地底三層次的人類生活與形象。

1｜2

1. 羅羅谷部落
婦女挽面
2. 羅羅谷部落
嬰兒節

八、布農族文字的故事

採錄者：田哲益、全妙雲

採錄地點：南投縣信義鄉羅羅谷部落

採錄時間：1992年10月18日

報導人：田豐盈（Qu-pil），巒社群・達納畢馬氏族人

從前發生一場大洪水，族人紛紛走避逃難，負責攜帶文字的人，不慎把文字失落洪水中，從此布農族人就沒有文字了。

本則傳說故事敘述布農族人原有文字，於發生大洪水中流失而沒有文字了。雖然故事內容比較簡單，但堅決認定布農族是有文字的。本書僅採用濁水溪上游布農族四個部落的神話傳說故事，但是其他部落亦多有類似的傳說，所以這個故事的傳達面也是很廣的，並非學術上所謂的「孤例」。

在台灣，學術界也承認布農族已經具有了「象形文字」的雛形。雖然排灣族的圖案畫，泰雅族、太魯閣族、賽德克等族的織布圖紋，也具有傳達表意的作用。但是最接近「象形文字」階段者，唯獨布農族的「木刻畫曆」。

只是並不是所有的布農族人都使用「文字」和看懂「文字」。「木刻板曆」是祭司發明的，他為了要指導族人從事農耕和舉行祭儀，便依據月亮的陰晴圓缺，制定了一年的行事曆，把一年裡所有的行事，全部記錄刻在木板上。例如：何時開墾、播種、除草、收穫、狩獵以及各種祭典儀式，都很清楚的紀錄起來。所以布農族的「文字」，只有祭司

（Liskadan-lus-an）在使用，意即是祭司的專利。

據神話傳說故事敘述，布農族有「文字」已經是很久遠的事了。以未採用於本書中其他部落的傳說故事謂：布農族的祖先在海上失落的文字，是刻在「頁岩」上的，「頁岩」很重，一下子就沉到海底了，所以無法把「它」撿拾回來，自此就沒有文字了，但布農族的祭司後來又發明了文字木刻板曆。

山中無甲子，寒盡不知年。大凡曆之產生，是基於人類生活實際的需要。究竟什麼時候，人類出現了曆法，恐怕得從原始部落追溯，人與人之間一有了交往，就有簡單的曆法，作為相約、記事的準據。

布農族人由原始生活進而定居務農。有人以為傳統布農族人逐水草而居，處於「日出而作」、「日入而息」、「山中無甲子」的時代，是用不著「曆」的，其實布農族也有傳統「曆」的計算方法。

古代布農族人沒有什麼月曆，沒有文字，都是靠口述流傳，當時都看著某種植物的發芽、感覺天氣的冷熱，來決定該種植什麼樣的作物，並以月亮的圓缺或虧盈，由部落中的祭司決定日子，舉行祭典儀式。也就是利用自然界植物生長週期來決定下種作物。

布農族雖是沒有文字的族群，但依文獻記載，日治時期，橫尾廣輔當時任職於警務局，於1934年發表於《理番之友》第三期一月號（余萬居譯），曾提到在台中新高郡（今南投縣信義鄉）布農族丹社群「卡尼多岸」（Qanituan）社（日譯為加年端），發現一塊畫曆板，長121公分，寬10.81公分，厚0.9公分，是由台灣華山松所畫製而成。板上以各種圖形來表示全年應行之歲時祭儀及生活禮俗。這可說是布農族目前所知的原始文字雛型了。

在台灣的原住民族中，只有布農族與排灣族有「行事曆」的文物，

但排灣族所刻劃的圖形，代表的用意為何，不得而知，研究原住民文化的學者推測，也許是用以歌頌祖先的歷史畫，因此布農族在「板曆」的符號則可認為是其「文字」，成為台灣原住民各族中，唯一擁有自己「文字」的種族。後來日本人又陸續在不同的地方發現了另兩塊類似的曆板，圖形大致相仿。

橫尾廣輔曾經三次以本名及橫尾生文之名，在《理番之友》雜誌撰文討論他所見到的三面布農族板曆。

從木刻板曆的發現，可知，布農族原始社會日益進化，由生食至熟食，由手勢至語言，由黑暗至文明，由漁獵至農業，人的交往、事的交錯，就需要時日的計算和氣候的觀測，於是有「曆」的發明。從另一面來說，「木刻板曆」的發現，也說明了布農族人傳統中以月亮盈虧來訂定每個月的祭儀事實。

1994 年 3 月 6 日，南投縣立文化中心舉辦八十三年文藝季「山地知性之旅——認識布農族」，進入布農社會探訪信義鄉人倫、達瑪巒（地利）兩個部落。在達瑪巒部落，亦發現了一塊「木刻板曆」。自 1937 年以來，發的布農族三塊木刻板曆，保存於何處並不得而知。此次則是發現布農族「木刻板曆」的第四塊。「木刻板曆」重現江湖，令研究布農族文化的學者雀躍。

這塊新發現的「木刻板曆」，經測量，長 36 公分，寬 27.5 公分，好像一塊切菜板，成橢圓形，尾端挖掘一個圓洞，便於掛在牆上，以為行事之參考。持有人是金全春蘭（名 Suni），屬於「滿各各」（Man-qu-qu）氏族，嫁給同是丹社群的「忙達萬」（Mangda-van）氏族人，是祭司家族。

據金全春蘭女士云，是其丈夫祖先「Qai-sul」（該索爾）所製作，本來有相同的兩塊，一塊被日本人拿走了，至今不知所終。被日本人拿走

的是完整的「木刻板曆」。而另一塊曆板在製作人還未完成前即過世，因此有很多空白未刻畫的部分，又因年代久遠，斑駁部分甚多。當時曾請全妙雲小姐繪圖，在 1995 年 12 月由常民文化出版的《台灣布農族風俗圖誌》（田哲益著）第 185 頁首次發表，但繪圖者誤寫為銀月小姐，在此特為更正。已故的金全春蘭女士，是曾任達瑪巒部落村長和信義鄉公所技士的金烈光的母親。

最後出現的這塊板曆和 1937 年發現的板曆，都同樣是出自「卡尼多岸」社，且都為丹社群「忙達萬」氏族人所有。這塊板曆的象形文字與前面發現的符號相似，唯因年代久遠，祭司的後裔（金烈光）也無法解說板曆上代表的符號意義。即連金全春蘭還在世的時候，也不知曉板曆符號代表的意義。

據目前所知，布農族是台灣原住民唯一有文字的民族。古代布農族人重視粟祭及嚴守各種禁忌，從結繩記事，終於發掘出自己的「行事曆」和「原始字畫」，成為台灣原住民各族中，唯一擁有自己「文字」的民族。

據老一輩人說：除了丹社群外，巒社群、卡社群、卓社群、郡社群人，都各自擁有自己的祭祀板曆，用以指導族人農耕及舉行祭儀，唯至目前尚未發現其他社群的「木刻板曆」（可能因為是刻於木板上，不容易保存）。若從各社群舉行歲時祭儀和生命禮儀來觀察，舉行的時期與時機大致具有一致性（舉行的時間或因居地的高度、氣候、作物生長等因素而不同，但大同而小異；內容或有稍異，但精神則是一致的），則除了丹社群外，其餘的四個社群也極有可能擁有自己的行事曆板。

布農族人從無文字發展到「原始字畫」，從其神話觀察，似非偶然，他們或許早已有創造文字的衝動，終於發明了原始象形字畫。這種

飼養山豬

布農獵人

類似象形字的符號，記載著祭儀、農事、出獵等行事，是布農族先人所留下來珍貴的智慧遺產。

九、布農族人的創生說

採錄者：田哲益

採錄地點：南投縣信義鄉羅羅谷部落

採錄時間：1992年10月25日

報導人：全懷奎（Susing），巒社群・達給呼南氏族人

本故事原載：田哲益著《布農族的古老傳說》，潭南國小出版

⋯⋯⋯⋯⋯⋯⋯⋯⋯⋯⋯⋯⋯⋯⋯⋯⋯⋯⋯⋯⋯⋯⋯⋯⋯⋯⋯⋯⋯

　　遠古時代還沒有人類生存，有一種蟲叫Sangal（桑納爾），這種Sangal（桑納爾）蟲生活在樹幹裡面，牠啃嚙樹幹，其糞便掉落在泥土裡，結果變成了人，所以人類是由Sangal（桑納爾）蟲的糞便變來的。

　　本則傳說屬於變異故事，敘述人類是由桑納爾蟲的糞便變成。這是一則非常原始的神話傳說故事，同時也是布農族人探討生命起源的知識追求。

十、百步蛇與老鷹

採錄者：全妙雲、田哲益

採錄地點：南投縣信義鄉羅羅谷部落

採錄時間：2003年11月20日晚上

報導人：全阿笑（Vungaz），巒社群‧達斯刀巴散氏族人

....

　　傳說百步蛇與老鷹都是人變成的，有一位青年人到山上狩獵，遇到一位美麗的女子便愛上她，就把她帶回家，可是母親把她趕走了。美麗的女子離開後，變成了一條美麗的百步蛇；青年人非常想念她，他身上逐漸長出羽毛，變成了老鷹，飛上天空，俯瞰尋找著他日思夜想的美麗女子。

　　本則傳說屬於變異故事，情節要述如下：

（一）有一位青年人到山上狩獵，在山上遇到了一位美麗的女子便愛上了她，就把她帶回家了。

（二）母親不喜歡她兒子在路上帶回來的姑娘，把她趕走。

（三）姑娘被趕走之後變成了一條美麗的百步蛇。

（四）青年人非常想念他的美人，在樹林裡變成了老鷹。

（五）老鷹飛上天空，俯瞰尋找著他日思夜思的美麗女子。

　　本故事主要敘述相愛的男女雙方，因為男方母親的反對，變成了百步蛇和老鷹。

十一、狗變成小孩子

採錄者：全妙雲、田哲益

採錄地點：南投縣信義鄉羅羅谷部落

採錄時間：2003年11月20日晚上

報導人：全阿笑（Vungaz），巒社群·達斯刀巴散氏族人

　　有一年旱災，有一對夫妻，他們沒有生下孩子，過著單調的生活。有一天，丈夫帶著狗兒上山狩獵，到了獵場，突然狗吠叫了起來，丈夫以為前方有獵物，便跑向前去欲射擊獵物，怎知根本就沒有獵物，他非常生氣，就咒罵了狗一番。等到天色暗了，丈夫便逕自返社，也不帶狗兒回家。

　　過了幾天，丈夫想念起狗兒，而家裡實在是沒有食物可以吃，於是他便又上山狩獵，順便把狗兒找回來。

　　他還沒有進入到獵場，途中遇到了一位小孩，小孩突然跑過來喊叫他一聲「爸爸」，原來他就是他們家那隻狗變成的。這對夫妻有了孩子非常興奮，族人們也紛紛前來祝賀他們。

　　本則傳說屬於變異故事，情節要述如下：

（一）有一對夫妻沒有生下孩子。

（二）有一年旱災，丈夫帶著狗兒上山狩獵。

（三）、狗兒吠叫，主人以為有獵物，便去前方查探，結果根本就沒見到獵物。

（四）主人咒罵了狗一番，傍晚返社時也不帶狗兒一起回家。

羅羅谷部落族人　　　　　　　　　　羅羅谷部落婦女

（五）隔了數日，主人懷念起狗兒，家裡也無食物可吃，他又上山狩
　　　獵，順便把狗兒找回來。

（六）途中主人遇到了一位小孩叫他「爸爸」，原來狗兒變成了小孩。

（七）這一對沒有生下孩子的夫妻非常興奮，族人們也紛紛前來祝賀他
　　　們。

十二、孩子變成百步蛇

採錄者：全妙雲、田哲益

採錄地點：南投縣信義鄉羅羅谷部落

採錄時間：2003年11月20日晚上

報導人：全阿笑（Vungaz），巒社群・達斯刀巴散氏族人

　　有一對夫妻有三個小孩，一男二女，孩子們都非常頑皮。有一天晚
上，父母親的工作還沒有完成，孩子實在太吵，父母親就把他們關在房
間裡，對孩子們說：「天晚了，不可以出去玩，否則月亮會處罰你們！」
孩子們不相信，還是趁隙偷偷地跑出去外面玩。父母親覺得奇怪，怎麼

房間裡突然安靜了下來。

　　隔了一段時間，前去查看，孩子不見了，他們找了半天還是找不到，這對夫妻非常緊張的哭泣了起來。隔些時候，門外傳來敲門聲，母親趕緊前去開門，可是沒有見到人影，孩子們到底去了哪裡？他們一直在心中問著。

　　不一會兒，又傳來一陣敲門聲，父母親看到三個孩子變成了百步蛇，大吃一驚。三個孩子對母親說：「媽媽！對不起，我們不聽您的話，偷偷跑出去玩，結果被月亮懲罰，變成了蛇，以後我們不能成為你們的孩子了。」父母親也無可奈何，忍痛傷心地送走了三個孩子，對孩子說：「孩子們，以後在山上要自己照顧自己，再見了，嗚……嗚……」據說自此布農族人看到百步蛇，不會殺死牠，就是這個緣故。

　　本則傳說屬於變異故事，情節要述如下：

(一) 有一對夫妻，晚上還在家裡繼續工作。

(二) 孩子因為太吵，就把他們關在房間裡，對孩子們說不可以出去玩，否則會受到月亮的懲罰。

(三) 孩子實在太好玩，不聽父母的話偷偷地跑出去玩。

(四) 父母親覺得房間裡的孩子們突然安靜了下來，便去查看，發現孩子不見了，非常緊張的哭泣了起來。

(五) 隔些時間，聽到門外敲門聲，母親趕緊開門，可是沒見到人影。

(六) 須臾，又聽到敲門聲，父母親看到三個孩子變成了百步蛇，大吃一驚。

(七) 三個孩子向父母懺悔說：「媽媽！對不起，我們不聽您的話，偷偷跑出去玩，結果被月亮懲罰，變成了蛇，以後我們不能成為你

們的孩子了。」

(八)父母親也無可奈何，只好忍痛傷心地送走了三個孩子，對他們說：

「孩子們，以後在山上要自己照顧自己，再見了。」

(九)百步蛇是布農族的小孩子變成的，所以布農族人不會殺死百步蛇。

本則故事是屬於勸誡性故事，布農族人如果小孩子太調皮，就會講這個故事，讓孩子的心性收斂一些。

十三、織衣的故事

採錄者：全妙雲、田哲益

採錄地點：南投縣信義鄉羅羅谷部落

採錄時間：2003年11月20日晚上

報導人：全阿笑（Vungaz），巒社群‧達斯刀巴散氏族人

有一位婦女上山採麻，路上看到一隻百步蛇，便把百步蛇帶回家參考牠的圖案製作男子的服飾，結果非常漂亮動人，布農族婦女們爭相模

1|2

1. 布農族人與蛇類大戰時，
蜥蜴曾經救過布農族人
2. 布農族是台灣原住民族中
居住海拔最高的民族

仿。現在布農族男子上衣的菱形紋，就是百步蛇的圖案。

　　本則故事敘述布農族的圖騰崇拜——男子上衣的菱形紋，就是百步蛇的背紋圖案。在布農族的服飾史上，此菱形圖紋，一直沒有改變過。

十四、蜥蜴拯救布農族人的故事

採錄者：全妙雲、田哲益

採錄地點：南投縣信義鄉羅羅谷部落

採錄時間：2003年11月20日晚上

報導人：全阿笑（Vungaz），巒社群‧達斯刀巴散氏族人

....

　　以前布農族人殺死百步蛇，結果百步蛇成千上萬條大舉反攻咬死布農族人，有一些布農族人迅速逃逸，百步蛇仍然緊追不捨。

　　百步蛇途中遇到一隻蜥蜴，問蜥蜴有沒有看到逃亡的布農族人，蜥蜴騙百步蛇說：「布農族人往左邊方向逃跑。」其實布農族人是往右邊方向跑走，蜥蜴拯救了布農族人。

　　後來布農族人會告訴孩子說：「看到蜥蜴，絕對不可以戲弄牠們，因為蜥蜴曾經救過布農族人的命。」

　　本則傳說故事情節要述如下：

（一）因為布農族人殺死了百步蛇，結果百步蛇成千上萬條大舉反攻咬死布農族人。

（二）布農族人被百步蛇攻擊，一些族人們倉皇逃跑避難，但是成千上

萬條的百步蛇仍然緊追不捨,非要趕盡殺絕不可。

(三)有一隻蜥蜴欺騙了百步蛇布農族人逃亡的假方向,拯救了殘存逃
難的布農族人。

(四)因為蜥蜴曾經暗中救助過布農族人的命,所以長輩會訓誡晚輩後
生,看到蜥蜴,絕對不可以戲弄牠們,因為牠們曾經是布農族人
的救命恩人。布農族人是感恩的民族,對於族人有恩的動物,絕
對不會殺害。

十五、黑巫師殺人

採錄者:全妙雲、田哲益

採錄地點:南投縣信義鄉羅羅谷部落

採錄時間:2003年11月25日晚上

報導人:田慶華(Saidu),巒社群・達斯卡比南氏族人

　　古代有一種巫師是專門殺人的,他會到欲殺之人的家屋採取泥土帶
回家,然後把泥土放在鐵鍋裡煮,念咒語把他們的靈魂招來。沒多久,
這家的人便相繼生病死亡。所以古代布農族人不敢得罪巫師。

　　本則傳說故事情節要述如下:

(一)有一種巫師習巫是學習專門殺人的巫術。

(二)這種專門殺人的巫師,他會到想殺之人的家屋採取一些泥土帶回
家作法施巫蠱之術。

(三)巫師把採取的泥土放在鐵鍋裡煮,念咒語把欲殺之人的靈魂招來

施法。

（四）這種殺人巫師對某家施巫蠱法術後，該戶人家便相繼生病死亡。

（五）古代布農族人不敢得罪巫師，尤其是專門殺人的巫師。

　　凡事有善有惡、有上有下、有左有右、有好有壞。巫術也是如此，有黑巫術和白巫術，有善巫和惡巫。不管善惡，族人都很敬畏他（她）們。

十六、蚯蚓的環節

採錄者：全妙雲、田哲益

採錄地點：南投縣信義鄉羅羅谷部落

採錄時間：2003年11月25日晚上

報導人：田慶華（Saidu），巒社群・達斯卡比南氏族人

　　古代有一位少女，她與蚯蚓是好朋友，她把蚯蚓藏在她固定盤坐的石頭下。有一天，少女不在家，母親打開石頭一看，發現有一隻大蚯蚓在被石頭蓋住的窟窿裡，就燒開水燙死蚯蚓。

　　少女回到家，發現蚯蚓死了，非常生氣掉下眼淚，便把手上的戒指掛在蚯蚓的身上，如今蚯蚓身上的環節，就是少女的戒指。

　　本則傳說故事情節要述如下：

（一）有一位少女與蚯蚓友好。

（二）少女把蚯蚓藏在她固定盤坐的石頭下。

（三）有一天，母親趁女兒不在家的時候，打開石頭底下一看，赫然發

現有一隻大蚯蚓，就燒開水燙死這隻大蚯蚓。

（四）少女回家後，發現蚯蚓被母親燙死了，非常傷心流淚，就把自己手上的戒指掛在蚯蚓的身上。

（五）後來蚯蚓身上的環節，據說就是當年少女掛在蚯蚓身上的戒指。

這是一則動物故事，敘述蚯蚓身上的環節是少女的戒指變成的。

十七、祭祀杉木

採錄者：全妙雲、田哲益

採錄地點：南投縣信義鄉羅羅谷部落

採錄時間：2003年11月25日晚上

報導人：田慶華（Saidu），巒社群・達斯卡比南氏族人

⋯⋯⋯⋯⋯⋯⋯⋯⋯⋯⋯⋯⋯⋯⋯⋯⋯⋯⋯⋯⋯⋯⋯⋯⋯⋯⋯⋯⋯⋯⋯⋯⋯

杉木（Ban-hil）是古代布農族人建築房屋的主要建材，尤其布農族人要上主樑時，必須向杉木祭酒祭祀一番，否則房子會建造不好，會歪歪斜斜的，不會穩固。可能會造成意外與家庭不幸，因此布農族人非常重視建造房屋的祭儀，上主樑一定會對杉木舉行祭祀。

本則傳說故事情節要述如下：

（一）杉木是古代布農族人建築房屋的主要建材。

（二）古代布農族人建築房屋上主樑時，必須向杉木以祭酒祭祀，房子才會穩固與安全。

本則是屬於宗教祭祀的故事。建築房屋，上主樑是最重要與神聖的事情，必須向杉木祭酒。布農族的原始宗教觀念，認為人類、動物、植

布農族田氏家族團聚會　　　　布農族所克羅曼氏族聯誼會

物、宇宙是一體的，把杉木人格化來祭祀，就是很好的例子。

十八、巨人的故事

採錄者：全妙雲、田哲益

採錄地點：南投縣信義鄉羅羅谷部落

採錄時間：2003年11月25日晚上

報導人：田慶華（Saidu），巒社群‧達斯卡比南氏族人

　　傳說古代卡社群有一位巨人，非常高大，一步即可跨過一座山，後來布農族人把他灌醉殺死了，他的頭髮變成了樹林，手腳變成了溪流，血液變成了溪水。

　　本則傳說故事情節要述如下：

（一）古代卡社群有一位巨人，非常高大，一個腳步就可跨過一座山。

（二）布農族人把巨人灌醉殺死了。

（三）被殺死的巨人，頭髮變成了樹林，手腳變成了溪流，血液變成了溪水。

這是一則布農族人對於自然界形成的一種知識探討，樹林、溪流、溪水的來源是巨人的身體。本則故事沒有說明布農族人為什麼把巨人殺死了？巨人到底犯了什麼錯？令人扼腕。

十九、震怒的蛇媽媽

採錄者：全妙雲、田哲益

採錄地點：南投縣信義鄉羅羅谷部落

採錄時間：2003年11月25日晚上

報導人：田慶華（Saidu），巒社群・達斯卡比南氏族人。

從前蛇與人住在一起，他們和平相處，有一條百步蛇媽媽，牠常常與布農族人一起去打獵，因為牠狩獵技巧高超，常常獵獲豐盛，所以布農族人喜歡帶牠一同去打獵。

有一回，蛇媽媽又與布農族獵人去打獵，蛇媽媽交代一家婦女幫忙照顧其蛇兒女。蛇兒女蠕動不安分，婦女就把蛇兒女們綑綁起來。過了三天後，獵隊與蛇媽媽凱旋獵獲豐盛歸來，蛇媽媽回家看不到兒女，便急問照顧其蛇兒女的婦人說：「我的小孩在哪裡？」照顧的婦女暗叫不妙，趕忙去把繩索解開，可是蛇兒女全死了。

蛇媽媽非常震怒，咬死了全村的布農族人，據說當時只有一位布農族人逃掉。

本則傳說故事情節要述如下：

（一）古代百步蛇與人生活在一起，彼此和平共處。

（二）有一條百步蛇媽媽狩獵技巧高超，布農族人喜歡帶牠一同去打獵。

（三）有一次，蛇媽媽又與布農族人去狩獵。

（四）蛇媽媽交代一家婦女幫忙照顧牠的兒女們。

（五）蛇兒女們蠕動不安分，幫忙照顧的婦女顯得不耐煩，便把牠們綑綁起來。

（六）蛇媽媽與獵人們上山狩獵，三天後返回村社，便急忙尋找兒女們。

（七）受託照顧的婦女趕忙去把繩索解開，可是蛇兒女們全死了。

（八）震驚與憤怒的蛇媽媽，咬死了全村的布農族人。

（九）據說當時只有一位布農族人僥倖逃掉。

　　這是一則百步蛇報復不負責任的婦女的故事，也是一則勸誡性的故事。

二十、狗被布農族人割舌頭

採錄者：全妙雲、田哲益

採錄地點：南投縣信義鄉羅羅谷部落

採錄時間：2003 年 11 月 25 日晚上

報導人：田慶華（Saidu），巒社群・達斯卡比南氏族人

....

　　古代布農族人狩獵非常依賴狗追逐獵物，進而獵殺之。不過狗非常驕傲自大，回到家到處吹噓說：「所有的獵物都是牠咬來的。」獵人聽到很不舒服，一氣之下割下牠的長舌，讓狗永遠不能說話，所以現在狗就不會說話了。

本則傳說故事情節要述如下：

（一）古代的狗會說人話，可以與人溝通。

（二）狗會幫忙獵人追逐野獸，等野獸氣喘吁吁跑不動的時候，獵人就
　　　獵捕圍殺之。

（三）由於狗很驕傲自大，回到家便吹噓說：「所有的獵物都是牠咬來
　　　的。」

（四）獵人很生氣狗的驕傲自大與吹噓，就割下狗的長舌，只剩下一半。

（五）狗的長舌因為只剩下一半，所以現在的狗就不會說話了。

二一、阿尚待納日是布農族人的發源地

採錄者：全妙雲、田哲益

採錄地點：南投縣信義鄉羅羅谷部落

採錄時間：2003 年 11 月 25 日晚上

報導人：田慶華（Saidu），巒社群‧達斯卡比南氏族人

傳說古代布農族人是從「A-sang daingaz」（阿尚待納日）發源，包括
布農族五大社群，都是從「A-sang daingaz」分散成立許多散社，形成了

1│2

1. 傳說狗太愛吹噓了，被割了舌頭以後就不
　會講話了
2. 大洪水時紅嘴黑鵯幫助人類取水，故布農
　族人不殺牠也不吃牠

1|2

1. 布農族在早期就已經用石板鋪地
2. 布農族竹屋

各種部社，有些族人甚至遷徙至花蓮、台東以及高雄等地。

　　本則傳說故事敘述布農族的原始發源地是在叫做「A-sang daingaz」（阿尚待納日）的舊社，所有的社群（五個社群）與部社都是由此而發展，以後更遷徙至花蓮、台東以及高雄等地繼續發展。

　　「A-sang daingaz」（阿尚待納日）位於今南投縣信義鄉境布農族舊社遺址中。布農族是台灣原住民族活動力最強的民族，從中央山脈信義鄉境，逐漸遷徙到達了台灣東部與南部，甚至遷徙到了太平洋邊，例如：台東縣長濱鄉的三間部落和花蓮縣豐濱鄉磯崎村的高山部落，及花蓮縣瑞穗鄉奇美村布農部落等。從高山部落到太平洋濱，可見布農族遷徙活動力非常強大。

二二、人變塔枯納老鼠

採錄者：全妙雲、田哲益

採錄地點：南投縣信義鄉羅羅谷部落

採錄時間：2003年11月25日晚上

報導人：全阿笑（Vungaz），巒社群‧達斯刀巴散氏族人

有一則神話傳說故事敘述，從前有兩個非常要好的獵人，經常一起上山打獵，有一次二人又相約一起去打獵，結果在獵場上有一位獵人摔落山崖，傷得很嚴重，他無法爬起來，可是另外一位獵人並沒有救他就離開了。掉入深崖身負重傷的獵人非常生氣，下詛咒說：「你將得到報應，你回去後所撒的小米將會得白粉病，我要鑽到泥土裡面破壞你所撒種的小米。」結果他變成了一隻叫做「Ta ku na」（塔枯納）的老鼠。這種老鼠很會鑽土，破壞小米田的土地，影響小米成長，讓小米園沒有好收成。後來布農族人若遇到部落有人過逝，喪葬當天，族人都會休息哀悼，既不工作也禁忌上山打獵。

本則傳說故事情節要述如下：

（一）有兩個非常要好的獵人，經常一起上山狩獵。

（二）有一回一位獵人摔落山崖，傷重無法自己爬起來，而另一位獵人沒有搭救他，任他生死。

（三）重傷的獵人下詛咒將變成叫做「Ta ku na」（塔枯納）的老鼠，專門破壞小米園。

（四）果然他變成「塔枯納」老鼠後，使小米園的小米有了白粉病，還到處鑽到泥土裡面破壞小米田，讓人不得好豐收。

（五）後來布農族人若遇到部落有人過逝，喪葬當天，全部落族人都會在家休息以示哀悼，既不工作也禁忌上山打獵。

布農族人至今還保存著喪葬當天全部落族人都會在家休息一天以示哀悼的習俗。這個習俗可能就是對於摔落山崖重傷的獵人變成塔枯納的老鼠的一種贖罪，希望牠不要繼續破壞小米田的土地，以及影響農耕作物的收成有關。

二三、熊的故事

採錄者：全妙雲、田哲益

採錄地點：南投縣信義鄉羅羅谷部落

採錄時間：2003年11月25日晚上

報導人：全阿笑（Vungaz），巒社群・達斯刀巴散氏族人

　　從前有一個人，要到山上採松油（松樹）做為夜間照明用，因為他酒醉了，就在半路上睡著了，被一隻大熊揹到大樹上，準備把他吃了。當大熊爬下樹要拿石頭敲他的頭的時候，他漸漸醒來了，見樹下大熊一步一步爬上樹來，就用背上隨身攜帶的斧頭砍向大熊的頭，解救了自己。

　　本則傳說故事情節要述如下：

（一）有一個酒醉的人要到山上採松油做為
　　　夜間照明用。

（二）這位採松油的人因為不勝酒力在半路
　　　上睡著了。

（三）他被一隻大熊揹到大樹上，準備把他
　　　當食物吃了。

（四）大熊爬下樹要拿石頭準備敲他的頭，
　　　然後再吃他。

（五）當大熊拿了石頭正一步一步爬樹上來
　　　的時候，他漸漸醒過來了。

（六）還好他背上揹著一把斧頭，就用以砍

熊揹著醉人到大樹上準備吃了，醉人醒來後把熊打死了

日治時布農族男子演奏弓琴

殺大熊。

　　本則是敘述智慧與冷靜的故事，凡事要沉著、冷靜，運用智慧，才能解決許多問題。

二四、布農族五大社群五兄弟的故事

採錄者：全妙雲、田哲益

採錄地點：南投縣信義鄉羅羅谷部落

採錄時間：2003年11月25日晚上

報導人：全阿笑（Vungaz），巒社群‧達斯刀巴散氏族人

⋯⋯⋯⋯⋯⋯⋯⋯⋯⋯⋯⋯⋯⋯⋯⋯⋯⋯⋯⋯⋯⋯⋯⋯⋯⋯⋯⋯

　　傳說布農族發跡於巒社的「Asang-daingaz」（阿桑待納日）部落，相傳在遠古時代，有五位兄弟分家，他們各自邊居到卡社山、卓社大山、東巒大山周邊、郡大溪上游，以及丹大東、西溪交匯處自行繁衍生活，後來就變成了布農族的五大社群。

　　本則傳說故事敘述布農族目前的五大社群原來是五位兄弟，發跡於巒社的「阿桑待納日」舊社，後來各自發展生活領域，形成了布農族的五大社群。

二五、山羌頭額傷痕的故事

採錄者：全妙雲、田哲益

採錄地點：南投縣信義鄉羅羅谷部落

採錄時間：2004年5月17日晚上

報導人：全新丁（Sa-zu），巒社群‧索格魯曼氏族人

....

　　古代兩個太陽輪流升空，大地沒有夜晚，氣候非常炎熱，有一對夫妻在田裡工作，把小孩子放在樹下，結果被太陽曬成蜥蜴。父親氣憤，就去為子報仇，到遙遠的地方把一個太陽射下來，因此現在只剩下一個太陽了。

　　當時有一個老人到山上汲水，因為太陽被射瞎了眼睛，大地突然變成一片昏暗，伸手不見五指。老人看不到「路」，便「投石問路」，以「石頭」丟往前方，經確實是「路」，不是懸崖，才前進一步，否則摔落深谷將粉身碎骨。

　　老人一步一步地「投石探路」，結果丟到前方小水潭正在喝水的山羌，山羌感到一股疼痛，大叫一聲，叫得聲撼大地，被射瞎的太陽亦被驚醒，發出了光亮，但是他所發出的「光」，也沒有那麼炙熱了，因為它變成了「月亮」。

　　現在我們看到山羌，頭額兩眼之間有一個小三角形好像傷痕，據說那就是當年那位老人「投石問路」的時候，丟石頭丟傷的。

　　本則傳說故事涉及到兩個主題：一是「征伐太陽」，二是「山羌頭額上的傷痕」。太陽被失去孩子的父親射瞎，大地變成一片漆黑，此時有一位老人家在深山上汲水，因為看不見，便投石尋路，卻把山羌的頭額丟傷了，太陽被震撼大地的山羌痛吼聲喚醒，變成了月亮，只發出微弱溫和的光亮。這就是月亮的來由和山羌頭額上的傷痕原因。

二六、祖父和媳婦變成家鼠

採錄者：全妙雲、田哲益

採錄地點：南投縣信義鄉羅羅谷部落

採錄時間：2004年5月17日晚上

報導人：全新丁（Sa-zu），巒社群・索格魯曼氏族人

從前有一位老祖父，要有人攙扶才能走路，家人都去山田工作了，老祖父和媳婦則留在家裡準備晚餐。古代布農族人煮飯只要一粒小米就夠一家人吃飽了，因為小米會膨脹變成很多。但是煮飯的時候一定要把殼去掉，這是祖先指導的。

但是這位媳婦很懶惰，沒有把殼去掉就直接下鍋煮，米飯一直膨脹，愈煮愈多，流溢出來把門給堵住了，老祖父與媳婦無法逃出屋外，米飯仍然繼續膨脹增加，充塞屋裡。

老祖父與媳婦被擠到屋角，身體漸漸萎縮變小，最後鑽入小洞裡變成了家鼠，專門偷吃家人的小米。聽說古代族人吃飯時會準備一些食物放在壁洞裡給家鼠吃，牠吃飽就不會偷吃小米了。

本則傳說故事敘述一位懶惰的婦女，沒有依照傳統的秩序煮飯，結果連同老祖父變成了家鼠，這是一則勸戒與懲罰的故事。傳說古代族人會餵食家鼠，可能是因為家鼠曾經是他們的家人。

老鼠也是布農族人捕獵的對象　　　　獵人捕獲的飛鼠

二七、小米是星星帶來的葫蘆

採錄者：全妙雲、田哲益

採錄地點：南投縣信義鄉羅羅谷部落

採錄時間：2004 年 5 月 17 日晚上

報導人：全新丁（Sa-zu），巒社群・索格魯曼氏族人

　　從前有一位布農族的男子與天上的星星結婚，星星從天上帶來葫蘆的種子，兩夫妻就把葫蘆的種子種在庭園裡，葫蘆成熟結果後，打開裡面都是小米，一家人一餐只需煮一粒就可以了，一個葫蘆就可以吃上數十年，所以古代的人不需要工作，快沒小米吃了，才再種葫蘆，故生活得很安逸。

　　這是一則理想的傳說故事。本則傳說故事情節要述如下：

（一）男子與天上的星星結婚。

（二）星星自天上帶來葫蘆的種子。

（三）葫蘆裡是小米。

（四）古代一家人一餐只需煮一粒米即可全家人飽餐。

（五）一個葫蘆可以吃上數十年。

（六）古代的人不需要辛勤勞動工作。

（七）古代人生活很安逸。

二八、小孩殺死大耳朵鬼

採錄者：全妙雲、田哲益

採錄地點：南投縣信義鄉羅羅谷部落

採錄時間：2004年5月17日晚上

報導人：全新丁（Sa-zu），巒社群‧索格魯曼氏族人

古代有一種「大耳朵鬼」（Banban-tainga），很喜歡戲弄小孩子。有一群小朋友在家裡照顧曝曬在庭院的小米，下雨的時候就要趕緊把小米搬到屋內去，大人們則在山上工作。

小孩子們一面在屋外追逐遊戲，又在屋內起火烤地瓜，當他們入屋要吃地瓜的時候，地瓜不見了，他們又再烤，但還是不見了，孩子們覺得很奇怪。但是家裡已經沒有地瓜可以烤了，他們就改烤白石頭。

不一會兒，從屋內走出一位「大耳朵鬼」，抓著脖子和肚子，原來祂把燙熱的白石頭一口吃下去了。「大耳朵鬼」幾番掙扎，就死在庭院裡了。

這是一則「大耳朵鬼」偷吃烤地瓜的故事，「大耳朵鬼」沒有想到最後小孩子們改烤了白石頭，一口吞下，燙熱祂的脖子和肚子，死在庭院裡。

狩獵動物野兔

野豬幼獸

　　本則是大人常常說給小孩子聽的故事，就是希望小孩子要有應付環境的能力。

二九、布農族文字的故事

採錄者：全妙雲、田哲益

採錄地點：南投縣信義鄉羅羅谷部落

採錄時間：2004 年 5 月 17 日晚上

報導人：全新丁（Sa-zu），巒社群・索格魯曼氏族人

　　從前發生一場大洪水，族人紛紛走避逃難，負責攜帶文字的人，不慎把文字失落洪水中，從此布農族人就沒有文字了。

　　本則傳說故事敘述布農族人原來是有文字的，於遠古時代，發生大洪水中流失而沒有文字了。布農族的祭司後來又發明了文字畫曆，在日治時代發現了三塊木刻板曆。於 1994 年 3 月 6 日，筆者田哲益又在達瑪巒部落發現第四塊木刻板曆。

三十、布農族粟種的來源

採錄者：全妙雲、田哲益

採錄地點：南投縣信義鄉羅羅谷部落

採錄時間：2004年5月17日晚上

報導人：全新丁（Sa-zu），巒社群・索格魯曼氏族人

....

　　古代天上有兩個太陽，太陽很熱，人們生活非常痛苦，有一位祖先去把一個太陽的左眼射瞎，變成了月亮。祖先自射太陽的地方帶回來了粟種，從此布農族人開始種植小米。

　　本則傳說故事情節要述如下：

（一）天上有兩個太陽。

（二）太陽光很熱，人們生活痛苦不堪。

（三）有一位祖先射瞎一個太陽的左眼。

（四）被射瞎的太陽變成了月亮。

（五）射太陽英雄帶回粟種，布農族人開始種植小米，而粟米也成為族人經濟生活的主糧。

　　本則故事是征伐太陽兼及粟米來源的故事。

三一、達納畢馬氏族的源起

採錄者：田哲益、全妙雲

採錄地點：南投縣信義鄉羅羅谷部落

採錄時間：2011年7月11日

報導人：田慶華（Saidu），巒社群・達納畢馬氏族・達斯卡比南亞氏族人

....

　　「達納畢馬」（Tanapima）氏族最早的祖先叫做 Lun-piman，他生下六個孩子：Pusqaivan（長子）、Tas-qabinan（次子）、Tas-qu-salan（三子）、Tas-tu-pasan（四子）、Tas-u-nan（五子）、Takis-u-lavan（六子）。其後這六個孩子都成了「達納畢馬」氏族重要的亞氏族，繼續繁衍後代。其後又加入了「Tansi-kianu」亞氏族，這個亞氏族傳說是曾經被「達納畢馬」氏族人所養育，就變成「達納畢馬」氏族的亞氏族之一了。

　　本則傳說敘述了「達納畢馬」氏族，七個亞氏族的起源傳說故事。

三二、達給斯凱方岸氏族的故事

採錄者：田哲益、全妙雲

採錄地點：南投縣信義鄉羅羅谷部落

採錄時間：2011年7月11日

報導人：田慶華（Saidu），巒社群・達納畢馬氏族・達斯卡比南亞氏族人

....

　　「達給斯凱方岸」（Takis-qai-vangan）氏族與「阿迪媽南」（Adi-manan）氏族是「共享食物」的關係。

　　「達給斯凱方岸」氏族的命名是擬鳥叫的聲音，有一次，「達給斯凱方岸」氏族的祖先走在路上，一隻鳥在樹上一直叫他「Qaqaivang、Qaqaivang」（卡該方、卡該方），他抬起頭來看著樹上的鳥，小鳥告訴

他：「不要走那邊，要走這邊，在那邊的路上有敵人等候埋伏著，要把你殺死。」幸得小鳥救了他。祖先為了感恩這隻小鳥的救命之恩，便以小鳥叫他的「Qaqaivang」，做為本氏族的氏族名。

本則氏族的命名法是屬於「擬音名型」、「動物名型」或「感恩名型」。

三三、孤兒狩獵變成塔枯納鼠

採錄者：田哲益、全妙雲

採錄地點：南投縣信義鄉羅羅谷部落

採錄時間：2011 年 7 月 11 日

報導人：田慶華（Saidu），巒社群・達納畢馬氏族・達斯卡比南亞氏族人

有一群郡社群「Is-baba-nal」（伊斯巴巴納兒）氏族人上山打獵，他們射到一隻山羊，但是山羊掉落懸崖下。

眾人便推派一位孤兒下到懸崖去把羊取回來，他們用繩子綁住孤兒，孤兒小心翼翼地慢慢爬下懸崖，到了地面，孤兒把羊綁起來，便叫上面的人把羊拉上去。

接著應該是要把繩子再丟到懸崖底下把孤兒拉上來，可是上面的人並不打算這麼做。不管孤兒如何喊叫請求：「把繩子丟下來，請你們把我拉上去。」獵人還是狠心的拋下他走了。

孤兒痛哭流涕，想起這些沒有良心的人，非常氣憤。他發誓一定要破壞人們土地上種植的農作物，於是他變成了專門破壞土地及農作物的「Ta ku na」鼠。

這是一則變異故事，狠心殘忍的獵人，讓可憐的孤兒變成了「Ta ku na」（塔枯納）鼠，為了報復族人，專門破壞族人們的田地與作物。

三四、壞心獵人遭天神懲罰

採錄者：田哲益、全妙雲

採錄地點：南投縣信義鄉羅羅谷部落

採錄時間：2011年7月11日

報導人：田慶華（Saidu），巒社群‧達納畢馬氏族‧達斯卡比南亞氏族人

從前有三個人一起上山打獵，有一個人還帶著小孩，所以一共是四個人。他們到了獵場，一連下了好幾天的雨，而且還下雪，天氣非常地寒冷。

他們躲在狩獵小屋（Taluqan）裡，燒木頭以取暖，帶來的食物已經吃完了，就挖 Vatik（似芋頭的植物）和 Valu（似樹薯）的根莖來吃。有兩位獵人急著想要回部落了，只有一位帶著孩子的獵人說：「我和我的孩子還不要回去，因為天氣不好，非常危險，我們不要冒這個險。」兩位獵人聽了很不高興，就說：「既然你們這麼不合作，火種也不可以留下來。」於是拿起水來把火種澆熄，就揚長而去了。

當壞心眼的獵人把火種用水澆滅的時候，聰明的父親偷偷地用腳藏住（用腳輕輕地踏著）了一個火種。當壞心的獵人走後，就趕緊把火種重新起火，以度過寒冷冰雪的天候。

父子倆安心的等候，第二天，天候果然變好了，大地一片晴朗。父親覺得已經可以啟程回部落了，就帶著孩子返家。孩子走在前面，走了

一段路，看到有一人死了，便問父親，父親說：「他睡覺了！」再走一段
路，小孩看到又有一人死了，又問父親，父親還是說：「他也是睡覺了！」

他們度過難關安全地回到部落後，便把兩位獵人遇難的情形告
訴了他們的家屬，才把他們搬運回家埋葬。祖先說這兩人是遭到天神
（Dihanin）懲罰，如果他們具有憐憫的心，沒有把火種熄滅，天神也許
會照顧他們安然回到家。

這是布農族上山狩獵遇難的故事，帶著孩子冷靜沉著的獵人度過了
難關。

三五、織衣機釀全族滅亡

採錄者：田哲益、全妙雲
採錄地點：南投縣信義鄉羅羅谷部落
採錄時間：2011年7月11日
報導人：田慶華（Saidu），巒社群‧達納畢馬氏族‧達斯卡比南亞氏族人

....

傳說最早以百步蛇紋製作男子服飾圖案的是「達納畢馬」
（Tanapima）氏族的婦女。有一天，一位女子看到百步蛇的幼蛇
（Taqbu），便把幼蛇抓起來帶回家。

她把幼蛇放置在籃箕（Qapun）的中央，並且讓幼蛇盤旋成一圈，然
後參考幼蛇的圖紋編織男子的上衣（Pat-va-uan）和胸袋（Kulin）及遮陰
布（Tapis）。失去幼蛇的百步蛇媽媽，非常緊張，到處尋找牠的小蛇。
牠來到婦女的村莊，便問：「有否看到牠的小百步蛇？」這位偷了幼蛇的

布農族婦女向百步蛇借用
幼蛇以參考織衣而引起人
蛇大戰

布農族婦女未按時歸還小百步蛇

達納畢馬氏族的婦女堅稱沒有看到。

　　百步蛇媽媽還是繼續不停的尋找，最後來到了「Ma-di-qa-nin」（馬迪卡年）部落，百步蛇媽媽問：「有沒有看到牠的小百步蛇？」馬迪卡年部落住著郡社群「Is-baba-nal」（伊斯巴巴納兒）氏族人，他們的民族性很幽默，喜歡開玩笑。伊斯巴巴納兒氏族人說：「你的小百步蛇被我們吃掉了。」

　　百步蛇媽媽非常氣憤的走了，數日，山上灰土塵起，風起雲湧，好像要下起豪大雨的樣子，人們趕緊把曬在庭院的小米收起來放在倉庫裡面儲藏。山雨欲來風滿樓，人們發現這不是一場風雨，而是成千上百萬條各種類型的蛇、蜥蜴和各種昆蟲，自山上似流水式的速度前來攻擊馬迪卡年部落伊斯巴巴納兒氏族人，速度之快，部落的人根本來不及逃避與躲藏。

　　全部落的男女老少，都被「動物大軍」咬死了，只剩下兩個男子存活了下來。一人爬上叫做 Saluk-su-kaz 的樹（是一種有刺的樹），一人爬上香蕉樹。蛇看到了這兩人，便對蜥蜴說：「這兩個人咬過了嗎？」其實沒有咬過，蜥蜴卻對蛇說：「咬過了！」蛇就不再去咬這兩個人，整個部落僅這兩個人得以倖免。整個部落幾乎全族滅亡，目前伊斯巴巴納兒氏族人人口數也不多。

這是一則因為織衣拿走了「小百步蛇」，以致差點釀成全族滅亡的故事。

三六、人與狗交換性器官

採錄者：田哲益、全妙雲

採錄地點：南投縣信義鄉羅羅谷部落

採錄時間：2011年7月11日

報導人：田慶華（Saidu），巒社群・達納畢馬氏族・達斯卡比南亞氏族人

....

以前公狗的性器官原來是人類男性的性器官，人因為要工作，所以很不方便，因此很羨慕狗的性器官，就與狗商量，狗答應了，他們就彼此交換。自此人類性交就很方便了。

本則故事敘述，原先人類男子的性器官是現在狗的性器官，因為不方便所以跟狗交換了。

三七、比擬家族的婚姻限制

採錄者：田哲益、全妙雲

採錄地點：南投縣信義鄉羅羅谷部落

採錄時間：2011年7月11日

報導人：田慶華（Saidu），巒社群・達納畢馬氏族・達斯卡比南亞氏族人

....

以前戰爭與出草頻繁，各氏族為了抵禦外敵，都會互相結盟，而成了非常親近的關係，比如「朋友」關係，甚至從朋友關係昇華成為「比擬家族」。成為「比擬家族」後，就會共同遵守禁忌，甚至共同祭祀，並且禁止通婚，儼然成了一家人。這種情況在布農族五大社群裡比比皆是。事實上他們之間並不是同一祖先繁衍下來的，彼此之間並沒有血緣關係。

以南投縣信義鄉為例，如「達納畢馬」（Tanapima）氏族的朋友是「囊阿福蘭」（Nanga-vulan，漢姓金）氏族、「依斯卡卡夫特」（Isqaqavut，漢姓松）氏族。「索格魯曼」（Suqluman）氏族的朋友是「達給呼南」（Takihunan）氏族、「馬迪卡拉岸」（Madik-la-an）氏族、「達斯尼岸」（Tasngian）氏族、「滿各各」（Mang-ququ）氏族。

古代的時候，「達納畢馬」和「索格魯曼」氏族的長老開會，認為氏族間「朋友」關係的彼此之間是可以通婚的，因為沒有血緣關係。

不過，「索格魯曼」、「達給呼南」、「馬迪卡拉岸」、「達斯尼岸」、「滿各各」等氏族的「朋友」、「比擬家族」關係則有禁婚的限制，戰後改成漢姓，全部賜予「全」姓，又被漢姓所誤導，儼然成了同一宗了，所以他們目前並不通婚。這是改宗漢姓後氏族結構的變化，也是值得重新檢討的。

至於「達納畢馬」、「囊阿福蘭」、「依斯卡卡夫特」氏族間的「朋友」關係，彼此之間是可以通婚的。戰後賜「達納畢馬」氏族漢姓「田」，賜「囊阿福蘭」氏族漢姓「金」，賜「依斯卡卡夫特」氏族漢姓「松」。這樣的賜姓法比起上述的「全」姓要正確多了。

布農族因為有五代或三代（卓社群）禁婚的限制，又有「比擬家族」的限制，因此，婚姻對象變得很狹隘，往往找不到適宜的婚姻對象而煩惱。卓社群則採取較為寬鬆的「三代」限制。其餘則較嚴謹的「五

代」限制，又有「比擬家族」的限制，顯得更找不到婚姻的對象。

　　「比擬家族」的限制對現代婚姻是一種很嚴重的限制，首先要先了解「比擬家族」的成因。其成因很多，例如：為了共同防禦，形成結盟、收養關係、他族加入等。因為關係密切，變成「朋友」，甚至成了「比擬家族」，在婚姻生態上成了「禁婚」。

　　「朋友」或「比擬家族」的成因是古代特殊環境的需要，如今則應該放寬，才有助於婚姻的需求。例如：「索格魯曼」、「達給呼南」、「達給斯凱方岸」、「馬迪卡拉岸」、「達斯尼岸」、「滿各各」等氏族的「朋友」、「比擬家族」的關係放寬鬆，各自給予獨立的「漢姓」，即可避免聯姻時「同姓」（以漢姓來說）的尷尬，造成漢族人認為是「近親通婚」。

三八、熱油殺鬼

採錄者：田哲益、全妙雲

採錄地點：南投縣信義鄉羅羅谷部落

採錄時間：2011年7月11日

報導人：田慶華（Saidu），巒社群・達納畢馬氏族・達斯卡比南亞氏族人

....

　　布農族人以前住在深山舊社的時候，周遭有很多鬼，祂會吃人，經常有許多小孩子莫名其妙的失蹤。

　　人們都很怕鬼，於是討論要殺鬼，決議要用熱油殺死鬼。他們把油燒熱，一個人帶著盛裝熱油的容器，預藏在一棵大樹上。果然鬼來了，預藏在樹上的人就喊：「嗨！這裡有好吃的東西，請你張開口。」鬼張開口，那人就把熱油對準鬼的口倒下來，因為油太熱了，把鬼的喉嚨燒

焦了，倒地而死。自此小孩子就不再無緣無故的失蹤了。

　　這是一則用智慧殺鬼的故事。

三九、狗被布農族人割舌

採錄者：田哲益、全妙雲

採錄地點：南投縣信義鄉羅羅谷部落

採錄時間：2011年07月11日

報導人：田慶華（Saidu），巒社群・達納畢馬氏族・達斯卡比南亞氏族人

....

　　古代的狗會說話，後來布農族人把狗的舌頭割下一半，狗就不會說話了。古代布農族人狩獵非常依賴狗追逐獵物，進而獵殺。

　　不過狗非常驕傲自大，回到家到處吹噓（Mataptap）說：「所有的獵物都是牠咬來的。」獵人聽到很不舒服。有時候明明獵人沒有捕獲到獵物，狗也會先行跑回家告訴家人說：「獵隊捕獲了很多獵物。」牠很會吹牛欺騙人，誇大其辭作弄人，主人一氣之下割下牠的長舌，讓狗永遠不能說話，所以現在狗就不會說話了。

　　這則故事敘述狗為什麼不會說話的原因。

四十、建築住屋的故事

採錄者：田哲益、全妙雲

採錄地點：南投縣信義鄉羅羅谷部落

採錄時間：2011年7月11日

報導人：田慶華（Saidu），巒社群・達納畢馬氏族・達斯卡比南亞氏族人

....

　　有一家人準備建築房屋，便邀集了許多壯丁到山上去砍樹木，做為建材之用。在家的婦女要準備祭酒來迎接建築用的「木頭」。但是木頭回到家之後才可以濾酒（Masasput，即把酒汁與酒渣分離）。

　　有一隻狗非常愛表現（很假會），牠先行跑回家了，告訴在家的婦女說：「木頭即將到家了，現在可以開始濾酒了。」他又折返回到運輸木頭的途中，告訴他們說：「在家的婦女已經開始濾酒了。」木頭聽了很生氣，便鑽入很深的土裡面，連人也跟著鑽入土裡，一會兒木頭又從土裡面鑽出來，表示它的憤怒，這都是狗愛亂講話惹起的禍因。據說這個洞穴在原居舊社確實存在，人還可以進入這個洞穴裡走動呢！

　　布農族人建造房屋，要用作為建材的木材運到預備建築地，才可以濾酒，並以酒祭祀木材。

　　本則故事，一隻狗破壞了整個建造計畫，木頭很生氣，鑽入土裡又鑽出來，敘述的很傳神。又為了表示確有其事，也列舉實際地方的存在。

四一、布農族人與阿美族人的戰爭

採錄者：田哲益、全妙雲

採錄地點：南投縣信義鄉羅羅谷部落

採錄時間：2011年7月11日

報導人：田慶華（Saidu），巒社群‧達納畢馬氏族‧達斯卡比南亞氏族人

從前「達納畢馬」（Tanapima）氏族，有一位叫做「畢馬」（Pima）的人，他是一位大力士，一拳可以擊碎一座山。古代沒有火槍，使用弓箭做為武器。「畢馬」使用的弓箭非常粗大，而且非常堅硬，沒有人拉得動他的巨型弓箭，只有他才能夠輕鬆地使用。

有一次，布農族人與阿美族人（Bantalang）起了衝突，準備發動戰爭，阿美族人提議舉行射箭比賽，「畢馬」從布農族的地方一箭射到了阿美族的部落，阿美族人非常驚訝，就提出議和說：「射箭比賽，我們承認輸了，不如這樣吧，我們各派一人，手持木棒互打決鬥吧！」

「畢馬」拿起一根非常粗大的樹幹，在阿美族人的面前折斷，阿美族人看了非常害怕，再次服輸。

1│2

1. 日治時期布農族婦女演奏口簧琴
2. 日治時期布農族男子演奏口簧琴

本則是描述古代布農族大力士叫做「畢馬」的人，與阿美族人拚賽的故事。結果「畢馬」都獲得了勝利。

四二、布農族人與鄒族人的戰爭

採錄者：田哲益、全妙雲

採錄地點：南投縣信義鄉羅羅谷部落

採錄時間：2011年7月12日

報導人：史宗源（Li-tu），郡社群‧達給斯迪巴南氏族人

從前久美部落的鄒族人，布農族人稱呼他們為 Ti-vula（迪夫辣），兩族經常互相出草砍人頭。有一次，「迪夫辣」（鄒族）到羅羅谷部落的周邊叫做「Tan-siki」的地方出草，這個地方是「囊阿福蘭」（Nanga-vulan）氏族居住的地方。

「囊阿福蘭」的人正在盡興的喝酒，「迪夫辣」人並沒有理會這些人，而是潛入屋內，把躺在床上的老人家的首級砍下來取走。

喝酒的人進入屋內探視老人家，發現他的頭被砍下來取走了，便出動壯丁追趕，從山上喊叫山下「Bahul」地方的人支援攔截「迪夫辣」人，但是「迪夫辣」人已經跑遠了。

同樣是住在山上的「達納畢馬」（Tanapima）氏族的「達西烏拉灣」（Tas-u-lavan）亞氏族人，便從遙遠的山上瞄準山下揹著頭顱的人，一箭射中了他的頭部，應聲倒地。其他的「迪夫辣」人抱頭鼠竄，迅速逃離回到久美部落。

追趕的人到達，便把被出草老人家的頭顱帶回家，而把「迪夫辣」

人的頭顱放置於該氏族的頭顱架裡。

後來，「囊阿福蘭」氏族人想要反擊，去出征「迪夫辣」人的部落，但為其他氏族的人加以勸阻，其後就再也沒有聽到布農族人與迪夫辣人出草馘首的事情了。如今兩族也互相通婚，和睦相處。

當年「迪夫辣」人經常出草的路線，稱為「Dan-ti-vula」（意為鄒族人的出草路），而當年「達西烏拉灣」亞氏族人射擊的地方叫做「San-ta-naman ti-vula」（意為射擊鄒族人的地方）。

本則敘述布農族與鄒族（迪夫辣）互相出草的故事，當年鄒族的「出草路」（Dan-ti-vula）和「射擊鄒族人之地」（San-ta-naman ti-vula），是如今羅羅谷部落農耕地的地名。

四三、祖先遷徙故事

採錄者：田哲益、全妙雲

採錄地點：南投縣信義鄉羅羅谷部落

採錄時間：2011年7月12日

報導人：史宗源（Li-tu），郡社群·達給斯迪巴南氏族人

....

遠古時代，祖先住在菲律賓，有一座小島，野獸非常豐富，祖先常划船到這裡狩獵，每一次都能夠獵獲豐收，滿載而歸。

有一次，祖先又到這個小島狩獵，突然風起雲湧，遇到了大颱風，船兒被強風吹襲，最後被吹到了台灣本地的台南。

他們再也回不去菲律賓，只好定居了下來，帶來的糧食也快食罄，

便開始尋找地瓜、小米等可吃的食物，開始種植作物，也配合狩獵獲得食物，他們在此定居下來。經過一段時間，漢族人來了，祖先就遷徙到「拉蒙岸」（Lamungan，約在今彰化、南投一帶），漢族人又再度遷來了，他們互有交往，漢族人常送東西給布農族人。

有一天，漢族人對布農族人說：「你們很喜歡打獵，不如到更深山裡去，因為那裡的野獸更多。」祖先答應了，便舉族遷徙到中央山脈深山裡。過去在平原祖先居住過的「拉蒙岸」裡，有許多石板屋，漢人開墾後，現在已經完全沒有了。

祖先遷徙到中央山脈深山後，成立了許多散社，零星分布在深山內，在深山內生活了數百年。後來，日本人來了，為了方便統治布農族人，日本人把布農族人遷徙至海拔較低且平坦的地方（即現址），並派來了建築師傅，與布農族人合作尋找建築材料（木材、茅草、石頭等），指導族人建造房子。最初所建的房子是茅草屋，後來更進步為木板屋。

日本人又指導族人開闢水田、建設溝渠、引水灌溉。還請漢族打鐵師傅前來部落，提供族人所需的農具鋤頭等，自此布農族人學會了種植水稻。日本人又為了推行衛生教育，設置公共澡堂，男女分開。澡堂內有很大的木桶，這是燒熱水用的；族人輪流煮熱水，在此沐浴。部落的道路也是日本人建築的，有較堅硬的石頭，則用火藥爆破。

本則敘述了布農族祖先的遷徙簡史，也述及了日治時期集團移住後，日人指導族人建屋、築路、農耕等，衛生推廣方面則設有澡堂。

布農族的遷徙來源說有很多種，例如：「平原來源說」、「台南來源說」、「鹿港來源說」、「拉蒙岸來源說」、「玉山來源說」、「本土土生土

布農族中央山脈舊社遺址　　　四、五百年前布農族原來是住
　　　　　　　　　　　　　　在 LAMUNGAN（南投平原）

長說」、「大陸來源說」等。本則敘述是祖先原始住在菲律賓，則與「大陸來源說」，可以歸類為「海外來源說」。

四四、毒藥與解毒劑

採錄者：田哲益、全妙雲

採錄地點：南投縣信義鄉羅羅谷部落

採錄時間：2011年7月12日

報導人：史宗源（Li-tu），郡社群‧達給斯迪巴南氏族人

　　有一種植物叫做「Ka-di-la-tun」（卡迪拉頓），禾本科植物，果實有毒，誤食就會中毒身亡，以前的人都用它來自殺。有一種植物叫做「Tum-basan」（吞八散），它的根是古代布農族人的解毒劑，祖先在家裡隨時都有準備，以備萬一。Tum-basan 煮過後，據說喝下就可以解毒。

　　這是一則古代布農族醫療解毒的故事。

四五、葫蘆葉散熱

採錄者：田哲益、全妙雲

採錄地點：南投縣信義鄉羅羅谷部落

採錄時間：2011年7月12日

報導人：史宗源（Li-tu），郡社群‧達給斯迪巴南氏族人

    古代布農族人生了發熱的病（頭痛、身體發燒等），除了請巫醫診治外，還用葫蘆（Taqul）的葉子貼在肚臍上，身體包裹著許多葫蘆的葉子，據說可以散熱，熱病就根除了。

    這是古代布農族人解熱的醫療方法，但不知其療效如何。

四六、病後復原的保健

採錄者：田哲益、全妙雲

採錄地點：南投縣信義鄉羅羅谷部落

採錄時間：2011年7月12日

報導人：史宗源（Li-tu），郡社群‧達給斯迪巴南氏族人

    從前族人病癒後，有復原的保健食品，有一種叫做「Sibus-padan」（草蔗）的植物，樣子似甘蔗，但是很細小。把草蔗打碎取汁飲用，據說可以使身體復原的更快。

這是古代布農族人病後復原的保健方法，以前在山上很容易就發現「草蔗」，但是現在很難看到了。

四七、布農族人換名改運

採錄者：田哲益、全妙雲

採錄地點：南投縣信義鄉羅羅谷部落

採錄時間：2011年7月12日

報導人：史宗源（Li-tu），郡社群・達給斯迪巴南氏族人

⋯⋯⋯⋯⋯⋯⋯⋯⋯⋯⋯⋯⋯⋯⋯⋯⋯⋯⋯⋯⋯⋯⋯⋯⋯⋯⋯

本報導人史宗源，原名 Dus-qav，後改名換運叫做 Litu。小時候因為發高燒，持續不退。有一位老婦女叫做 Abus，夢見天神說：「Dus-qav 這個孩子必須改名為 Litu，這樣才會退燒。」隔日 Abus 去告訴小孩子的母親，母親立即把發燒的孩子改名為 Litu，果然燒退了，恢復了健康。

本則敘述報導人自己本身「換名改運」（Pati-lusquan）的故事。古代醫療不發達，久病不健康，或孩子長不好、長不大，就會「換名改運」，以企圖改變命運。這種事例在布農族的社會比比皆是。

布農族信仰改宗西洋基督宗教（基督教、天主教、真耶穌教、安息日等）後，為示「堅信」，將新生的嬰兒，以《聖經》聖徒或人物之名，命名新生嬰兒，例如：「雅各」（I-kubu）、「約翰」（Iu-hani）、「彼得」（Pi-telu）、「以掃」（I-sau）、「諾雅」（Nuaa）、「瑪麗亞」（Mali-ia）等。

四八、葛藤的葉可以止血

採錄者：田哲益、全妙雲

採錄地點：南投縣信義鄉羅羅谷部落

採錄時間：2011 年 7 月 12 日

報導人：史宗源（Li-tu），郡社群・達給斯迪巴南氏族人

....

　　古代族人上山工作，或到獵場打獵，難免會有意外的事情發生而受傷，古人也有治傷療傷的草藥，有一種植物叫做「Valu」（葛藤），把葛藤的葉子打碎，貼於傷處，據說可以止血；葛藤的莖有汁液，塗在傷處也可以止血療傷。

　　這是布農族外傷草藥治療的故事，唯未實際體驗，不知其療效如何。

四九、葛藤的汁液治耳病

採錄者：田哲益、全妙雲

採錄地點：南投縣信義鄉羅羅谷部落

採錄時間：2011 年 7 月 12 日

報導人：史宗源（Li-tu），郡社群・達給斯迪巴南氏族人

....

　　有一種耳病，耳朵裡生膿瘡，砍下「Valu」（葛藤）的莖，把莖裡的汁液吹入耳朵裡，據說可以治好耳朵裡生膿瘡的疾病。

本則敘述「Valu」（葛藤）莖的汁液，可以治耳朵生膿瘡的病。

五十、肚子痛的醫療

採錄者：田哲益、全妙雲

採錄地點：南投縣信義鄉羅羅谷部落

採錄時間：2011年7月12日

報導人：史宗源（Li-tu），郡社群·達給斯迪巴南氏族人

....

　　以前的人肚子痛，泡鹽巴水食用，肚子就不痛了。還有一種方法是，採葫蘆（Taqul）的葉子，加上灶灰，用布包起來，在肚子輕輕地摩擦，據說肚子就止痛了。

　　本則敘述古代布農族人肚子痛的醫療方式。

五一、布農族人漁撈活動

夾身陷夾

採錄者：田哲益、全妙雲

採錄地點：南投縣信義鄉羅羅谷部落

採錄時間：2011年7月12日

報導人：史宗源（Li-tu），郡社群·達給斯迪巴南氏族人

....

　　布農族人除了狩獵外，也會從事漁撈活動，捕

縛足陷阱

魚是集體的行動，他們常使用「魚藤」（Valan-nu）的植物捕魚，魚藤具有毒性，可以讓水中的魚蝦昏厥。

婦女們在上方把魚藤的根搗爛，將其順流而下，昏厥的魚蝦就會翻白浮出水面，在下方等候的人們，就要趕緊把翻白的魚捉起來放入盛魚蝦的器具。捕魚活動結束，將所獲得的魚蝦平均分配。煮魚的時候，內臟不要食用，因為會有殘留的毒。

布農族人肉類蛋白的取得，除了上山狩獵，也會到河溪捕魚，漁撈是集體性的活動，整個部落的族人全部都參與，漁獲則平均分配。集體捕魚，大家都非常快樂。古代的獵區是氏族所有，其他氏族的人不可以進入狩獵。漁撈區河溪也有分段分配，屬於部落或氏族所有。

五二、月亮指導族人舉行祭儀

採錄者：田哲益、全妙雲
採錄地點：南投縣信義鄉羅羅谷部落
採錄時間：2011年7月12日
報導人：史宗源（Li-tu），郡社群・達給斯迪巴南氏族人

古代沒有夜晚，因為有兩個太陽輪流升起照射大地，炙熱的太陽，使人們的生活苦不堪言。有一對夫妻在田裡耕作，在樹下用羊皮（Qaspan）鋪在地上，把小嬰兒放在羊皮上睡覺。

結果太陽把嬰兒曬死了，父親非常生氣，決心要去把一個太陽射下來，他約集了三人一起去射太陽，他還揹著自己的一位孩子前往，此行

一共四人。

他們到達了太陽升起的地方，就先採集叫做 Pas-ling 植物的葉子，做成一面牆，躲在裡面，不要被太陽看到，可是 Pas-ling 植物的葉子，不耐太陽光熱，很快就被太陽曬乾枯萎了。

他們又找來 A-sik（棕櫚）植物的葉子，做成一面牆，人們躲在裡面，並在 A-sik 牆的中央挖出一個小圓洞，做為射擊口。果然太陽經過了射擊口的位置，那位父親一箭射中了太陽的一個眼睛。

天空頓時一片漆黑，這個被射中的太陽變成了月亮，月亮非常生氣，去抓射擊它眼睛的人，因為月亮的手非常大，指縫也很大，人就在指縫間逃來逃去，還是抓不到。最後月亮把自己的手掌吐口水，終於把人黏附在掌心。

月亮對著人類說：「我不想殺死你，但是你們每個月必須要祭拜我。」月亮詳細的指導各種祭祀的儀式。征伐太陽的一群人回到了部落，遵守與月亮的約定，按時舉行各種祭儀，例如：射耳祭、嬰兒祭、小米祭、驅疫祭等。

本則是征伐太陽的故事，兼述月亮指導布農族人舉行各種祭典的儀式，並遵守與月亮的約定。

五三、紅嘴黑鵯取火

採錄者：田哲益、全妙雲

採錄地點：南投縣信義鄉羅羅谷部落

採錄時間：2011年7月12日

報導人：史宗源（Li-tu），郡社群‧達給斯迪巴南氏族人

傳說最初的地球，大地是一片綠油油的平原，只有 Ni-taki-iama（指玉山）和 Mun-zai-iama 兩座山較為突出地表。

有一次，洪水氾濫，族人紛紛逃到 Ni-taki-iama 和 Mun-zai-iama 山頂。逃到 Mun-zai-iama 山頂的人來不及攜帶火種，燒煮食物不方便，天候寒冷無法取暖，實在不好生活。

他們看到逃到對面 Ni-taki-iama（玉山）的人燒煮食物的煙火，於是就想辦法要取得對面玉山的煙火。他們首先派了一隻癩蛤蟆游水去玉山取火，就在即將快要游回到 Mun-zai-iama 的時候，一個大浪把癩蛤蟆含在嘴上的火種澆熄了，癩蛤蟆取火沒有成功。人們又派了一隻 Qaipis 鳥（紅嘴黑鵯）飛到玉山去取火，牠成功地取得了火種，人們就有了「火」源可供生存。

「紅嘴黑鵯」是一種全身黑色的鳥，只有嘴喙是紅的，因為牠含著火紅的火種的時候，嘴喙被燒著了。

人們在山頂上生活了一些時候，洪水終於消退了，洪水急速流向大海，揭開大地的新面貌，大地的高山、丘陵、平原、台地、懸崖、山溝、河流等地形，都是當時形成的。

「癩蛤蟆」和「紅嘴黑鵯」都是布農族的民俗動物，族人都很尊敬這兩種動物，因為牠們都曾幫助過布農族人。

五四、地底有尾人伊庫倫

採錄者：田哲益、全妙雲

採錄地點：南投縣信義鄉羅羅谷部落

採錄時間：2011年7月12日

報導人：史宗源（Li-tu），郡社群・達給斯迪巴南氏族人

古代有一種住在地底下叫做「Iku-lun」（有尾人）的地底人，這個地洞的遺址就在「卡豆諾蘭」（Qatungulan）舊社附近的「Tunkul」地方。地底人原來是與布農族人和睦相處，彼此互相交往，後來兩族反目為仇，地底人不再歡迎布農族人來造訪，便在洞口種植「棕櫚」（A-sik），棕櫚樹蔓延一大片，現在已經不能夠正確的知道原來的洞口在哪裡了，布農族人與地底有尾人也中斷了信息，尚不知道他們現在怎麼樣了。

已經過世的報導人確信地底有尾人（伊庫倫）的存在，還指出了地底人的遺址，但是否真實尚無法確定。報導人最後還說了：「也不知道他們現在怎麼樣了？」加強了他深信「地底有尾人」存在的事實。

五五、婦女智退侵襲者

採錄者：田哲益、全妙雲

採錄地點：南投縣信義鄉羅羅谷部落

採錄時間：2011年7月12日

報導人：史宗源（Li-tu），郡社群・達給斯迪巴南氏族人

　　從前有一家人，丈夫經常上山狩獵，他不放心妻子一個人在家，便教導他許多防禦與自保的方法。

　　有一次，丈夫又到山上狩獵，半夜有壞人想要闖入，外面的狗叫聲發出了警訊，獵人的妻子感到有異常的氣氛，他聽到有人在外面，半夜三更，鬼鬼祟祟。她非常緊張，想起丈夫平時的教導，馬上又打起精神振奮起來。

　　她開始吼叫，見到飯鍋、鋤頭、鐵器等能發出聲響的器物，她瘋狂的敲擊，口裡並大聲喊著：「起來，所有的人都全部起床，屋外的壞人要闖進來了！」又一面翻棉被叫醒人，屋外的壞人嚇得逃之夭夭了。這位婦女拯救了自己，丈夫從獵場回來，嘉許妻子的勇敢機警。

　　這是一則具有教育性的故事，教育婦女凡事要機警勇敢應對，就能夠處理許多事情。

五六、織布的色彩

採錄者：田哲益、全妙雲

採錄地點：南投縣信義鄉羅羅谷部落

採錄時間：2011年7月12日

報導人：史宗源（Li-tu），郡社群‧達給斯迪巴南氏族人

　　古代布農族婦女織布，所使用的色彩顏料，都是以自然植物為材料。把「龍葵」（Qu-du）的果子搗碎來煮，汁液就可以做為織布用的青色顏料。還有一種叫做「Madu-madu」植物的球根，把球根切得細細的，煮後其汁液即成織布用的褐色顏料。

　　本則敘述古代布農族婦女織布染色的顏料。

布農族被稱為雲端上的民族

布農族中央山脈舊社尋根之旅

五七、北斗七星

採錄者：田哲益、全妙雲

採錄地點：南投縣信義鄉羅羅谷部落

採錄時間：2011年7月13日

報導人：全阿笑（Vungaz），巒社群・達納畢馬氏族・達斯刀巴散亞氏族人

....

　　從前布農族人與敵族戰鬥，他們全部有七個人，殺得你死我活，最後全部都戰死了。他們變成了星星，叫做「Pel-pi-tu-an」（比爾比督岸），就是指天上的「北斗七星」（Pel-pi-tu-an）。

　　本則故事描述布農族人認為天上的「北斗七星」，是古代布農族戰死的七位英雄所變成的。

五八、布農族人發毒誓

採錄者：田哲益、全妙雲

採錄地點：南投縣信義鄉羅羅谷部落

採錄時間：2011年7月13日

報導人：全阿笑（Vungaz），巒社群・達納畢馬氏族・達斯刀巴散亞氏族人

....

　　古代布農族人發毒誓，除了巫師「絕子絕孫」的毒誓外，尚有兩種值得注意：一是以天上的北斗七星為發誓的對象，例如：「Pes-pi-tu」（卑斯比都岸），意即「將如天上戰死的七顆星星一樣」意即「死」；其二

是以百步蛇毒蛇為發誓的對象,例如:「Pas-qavit」(巴斯卡飛特),意即「我們的友好到此結束,從此可以彼此互相殘殺」。

本則敘述布農族人發毒誓的情形。巫師立下「絕子絕孫」(Malatpu)的毒誓,是為了增強其法術,據許多報導人謂,大多數的巫師都沒有後代。

五九、洪水淹沒大地故事

採錄者:田哲益、全妙雲
採錄地點:南投縣信義鄉羅羅谷部落
採錄時間:2011年7月18日
報導人:田慶華(Saidu),巒社群‧達納畢馬氏族‧達斯卡比南亞氏族人

洪水氾濫大地時,只剩下「Tung-ku-qas」(東姑卡斯)和「Tung-ku-sa-veq」(東姑沙飛)兩座山露出水面,逃難到「Tung-ku-sa-veq」(指玉山)的人們,見到「Tung-ku-qas」有煙火,便要派人去取火,人們害怕被派遣,把頭放得低低的不敢抬頭,這些人變成了「Sisi-bu」(一種生長在樹上的野菜);有些人一直發抖(Ku-kul-kul),就變成「Kula-kulaz」(木耳,也是野菜)。

人們不願意被派去取火,就請動物幫忙,癩蛤蟆首先答應幫忙取火,不過牠所取的火被水弄熄了。又派烏鴉去取火,但是牠有去無回,因為牠忙著吃被洪水淹沒的人的屍體。最後派「Qai-pis」鳥(紅嘴黑鵯)去取火,終於成功地把火種交給在「Tung-ku-sa-veq」(玉山)逃難的人們。

「Qai-pis」鳥(紅嘴黑鵯)曾經救助過布農族人,所以族人很尊敬

牠，不可以笑牠的紅嘴，因為牠用嘴啣火時燙紅的；不可以學牠的叫聲，也不可以丟石頭，也不可以用手指著牠，否則牠會啣火把你的衣服和房屋燒掉。

本則洪水傳說故事，內容較為豐富。紅嘴黑鵯（Qai-pis）是拯救人類的大功臣，所以布農族人很尊敬牠。

六十、小米進倉祭

採錄者：田哲益、全妙雲
採錄地點：南投縣信義鄉羅羅谷部落
採錄時間：2011 年 7 月 18 日
報導人：田慶華（Saidu），巒社群・達納畢馬氏族・達斯卡比南亞氏族人

古代布農族人 7 月份採收小米，小米經過曝曬後，約於 8 月份舉行 An-da-za 祭儀，「An-da-za」的意思是說「把曬乾的小米堆疊入倉庫裡」。

「倉庫」是布農族人住屋中心神聖的地方，要把在庭院已經曬乾的小米移入倉庫裡，必須舉行神聖的小米入倉儀式。

舉行小米入倉儀式要殺一頭豬，這是祭祀小米神的，豬血要塗在倉庫的樑柱上，告訴小米神「已經殺豬饗您」。舉行了這個神聖的儀式後，倉庫裡的糧米永遠吃不完。

本則敘述布農族人收割小米曝曬乾後，要收藏於神聖的倉庫裡，殺豬舉行入倉祭儀式。

六一、驅疫祭驅除砂眼

採錄者：田哲益、全妙雲

採錄地點：南投縣信義鄉羅羅谷部落

採錄時間：2011 年 7 月 18 日

報導人：田慶華（Saidu），巒社群・達納畢馬氏族・達斯卡比南亞氏族人

　　每年大約 4 月份的時候，都會固定舉行「驅疫祭」，此祭儀主要是驅除砂眼病。一大早，家長就到山上折取「Lan-li-sum」樹枝，家人集合於庭院，由家長用「Lan-li-sum」樹枝沾清水，在每個人的眼睛、全身等點灑。舉行過此儀式後，身體健康，不患砂眼病。

　　古代衛生較差，容易患「砂眼病」，「驅疫祭」儀式最主要就是驅除砂眼病魔。

六二、嬰兒祭掛項鍊儀式

採錄者：田哲益、全妙雲

採錄地點：南投縣信義鄉羅羅谷部落

採錄時間：2011 年 7 月 18 日

報導人：田慶華（Saidu），巒社群・達納畢馬氏族・達斯卡比南亞氏族人

　　每年 7 月份的時候，布農族人會舉行「嬰兒祭」或稱「嬰兒節」，慶祝新生嬰兒。嬰兒祭稱為「Masi-qu-lus」，意為「掛項鍊儀式」。布農族

傳統最美麗的裝飾項鍊稱為「Qai-has」項鍊，是用「薏苡」製作的。嬰兒掛上「Qai-has」項鍊，象徵美麗、圓滿，身體健康，快快長大成人。

布農族嬰兒「掛項鍊儀式」大約是在小米收割完畢以後，這個儀式是祝禱當年份生下來的嬰兒。

六三、阿麗斯布斯半祭儀

採錄者：田哲益、全妙雲
採錄地點：南投縣信義鄉羅羅谷部落
採錄時間：2011年7月18日
報導人：田慶華（Saidu），巒社群‧達納畢馬氏族‧達斯卡比南亞氏族人

到了2月份，山田小米撒種的工作已經完成，這時候便可以開始種植其他的作物，例如：種植綠豆、芋頭、薑、花生、樹豆等。

在種植這些作物之前，必須選擇一天的時間舉行「Ali-sup-supan」（阿麗斯布斯半）儀式，整天不可以吃鹹的東西。據說舉行過這種禁吃鹹物的儀式後，種植的作物才會成長苗壯，不被蟲吃。

「Ali-sup-supan」儀式主要的行儀是禁吃鹹物，山田的作物就不會被蟲吃。

六四、馬賓督斯拔牙儀式

採錄者：田哲益、全妙雲

採錄地點：南投縣信義鄉羅羅谷部落

採錄時間：2011年7月18日

報導人：田慶華（Saidu），巒社群・達納畢馬氏族・達斯卡比南亞氏族人

古代布農族人男女要進入成年階段的時候，要舉行「Ma-bin-tus」（馬賓督斯）儀式。「Ma-bin-tus」就是「拔牙」儀式，要把上顎兩側的門牙拔除。過去的人認為這樣才美麗，所以古代的成年人都是缺齒的。除了審美外，據說還會身體健康，不容易生病。

布農族人沒有正式的「成年禮」，拔牙缺齒後，即可視為「成年」的象徵。

早期布農族獵人

六五、狩獵的倫理與信仰

採錄者：田哲益、全妙雲

採錄地點：南投縣信義鄉羅羅谷部落

採錄時間：2011年7月18日

報導人：田慶華（Saidu），巒社群・達納畢馬氏族・達斯卡比南亞氏族人

狗是獵人的好幫手

布農族獵人上山狩獵，必須「占夢」（Mat-taisaq），前一天夜晚獲得好夢才能夠出發。獵隊出發前，小孩子要迴避，以免他會「放屁」或「打噴嚏」，兩種行為都是禁忌，有人犯禁，獵隊將不能夠出發。

獵人所帶的武器，禁忌說「獵槍」（Bu-sul），要說「拐杖」（Sil-ku），因為說「獵槍」，山上的野獸早就逃之夭夭了。

前往獵場的路途中，也要行「鳥占」（Mat-qazam），若見到「Qas-qas」（卡司卡司）鳥，鳥若從右至左飛為不吉利，反之則為吉利，可以繼續前進。有一種鳥稱為「Li-du」（哩度），會突然鳴叫，在左邊叫則為吉利；在右邊叫為不祥之徵。在獵場上燒火炊飯，不可以吹火使旺，煮熟的飯食很熱，也不可以吹涼，否則會把野獸吹走而無獵獲。古代獵人都會遵守狩獵的倫理與禁忌信仰。

本則故事是敘述獵人去獵區狩獵的禁忌與倫理信仰，出發狩獵要行「夢占」（Mat-taisaq），吉利才可以如期出發，凶者則改期。準備出發時，不能讓小孩子在場，以免犯禁（放屁或打噴嚏）。前進獵場途中也要行「鳥占」（Mat-qaam），吉利則繼續前進，凶者暫停前進，繼續行「鳥占」，若一直為凶占，則全隊必須返社，停止狩獵，否則在獵場上會發生意外。獵人狩獵用的火器，不可以直稱，要用暗語說成「拐杖」（Sil-ku），否則山上的野獸聽到「火槍」（Bu-sul），馬上就會逃避，則無獵獲矣。炊飯燒火不可以「吹火」，煮熟的熱飯也不可以「吹」，否者會把獵物「吹走」。布農族人狩獵行事看似迷信，不過就其安全性而言，是必須遵守的。

六六、征伐太陽的遺跡：Buan

採錄者：田哲益、全妙雲

採錄地點：南投縣信義鄉羅羅谷波石部落

採錄時間：2011年7月22日

報導人：田家合（Pima），巒社群‧達納畢馬氏族人

以前有兩個太陽，沒有日夜之分，氣溫非常炎熱，一對夫妻把孩子放在石牆下較陰涼處，就繼續工作，過了一段時間，他們發覺孩子沒有聲音了，前去探視，發現孩子變成了蜥蝪。

這對夫妻非常生氣，便招集族人開會，大家決意要去把一個太陽射下來，他們派了一位壯年人帶著小孩子去射太陽。出發前他們先種植了一棵橘子樹，遂出發前往了。

他們帶了一串小米，指甲上也塞滿了小米粒，足夠他們吃上數十年，因為煮半粒米就可以飽餐一頓了。

他們到達了太陽出沒的地方，用了各種植物的葉子遮陽，很快就枯萎了。最後用棕櫚樹葉子遮陽，棕櫚樹葉沒有那麼快被曬乾，因此能夠從容地好好瞄準目標物，箭一發射，果然射中了太陽的一個眼睛。

被射中眼睛的太陽，光熱逐漸褪去，變成了「月亮」（Buan）。壯年人和小孩子射中了太陽，趕緊逃走，變成月亮的太陽在後面追逐他們，在叫做「Buan」（布農族的舊社之一）的地方追上了他們，至今這個地方還有月亮坐下對人說話的痕跡。

月亮告訴他們每個月要按時舉行各種祭祀，就放走了他們。爾後，他們終於回到了家，壯年人已逐漸老邁，當年的小孩子已成長為青壯年

了，布農族人自此就開始舉行各種祭祀。而他們數十年前種植的橘子
樹，已經長得很巨大，果實纍纍。

本則故事內容甚為豐富，並且還有月亮坐下的遺跡，這個地名稱為
「Buan」（意即月亮）。月亮於此地指示布農族人要按時舉行各種祭儀。

六七、人與鬼聯姻的故事

採錄者：田哲益

採錄地點：南投縣信義鄉羅羅谷波石部落

採錄時間：2011 年 7 月 22 日

報導人：田家合（Pima），巒社群·達納畢馬氏族人

....

「囊阿福蘭」（Nganga-vulan）氏族的「斯巴利岸」（Subalian）亞氏
族，有一位女子嫁給了鬼。這個鬼丈夫很認真，常常到娘家幫忙工作，
可是人們看不到他，卻見到茅草一束一束的倒下，茅草根也一一被拔
起，效率之快令人敬佩。

有人好奇地問無影無形的鬼丈夫，說：「你們到底是住在哪裡
呢？」鬼丈夫就說：「我們就住在懸崖下的大岩石處，你們是無法到達
的，只有我跟我的妻子才能夠到達，而且來去自如。」

這則人鬼聯姻的故事，似乎生活得很幸福，而且鬼丈夫很孝順娘
家，經常幫忙耕作。他們居住的地方，常人是無法到達的，而且也看不
到他們的住處。

六八、布農族人搶婚習俗

採錄者：田哲益、全妙雲

採錄地點：南投縣信義鄉羅羅谷部落

採錄時間：2011年7月23日

報導人：史宗源（Li-tu），郡社群・達給斯迪巴南氏族人

古代布農族人流行「搶婚」，不管是適婚年齡的少女，或死了丈夫的寡婦，都有被「搶婚」的可能。寡婦被拉搶回家，倘若她不願意順從或是逃跑，隨時有被其他掠搶者「搶婚」回家的可能。

有些掠搶者不是拉搶寡婦回家，而是掠奪寡婦的孩子，寡婦為了孩子就會自動到男方家報到了。布農族古代流行的「搶婚」習俗，現在已經變成「歷史名詞」了。現代的婚禮大致變成了西式禮儀基督宗教的「教堂婚」。

六九、布農族人趕鬼儀式

採錄者：田哲益、全妙雲

採錄地點：南投縣信義鄉羅羅谷部落

採錄時間：2011年7月23日

報導人：史宗源（Li-tu），郡社群・達給斯迪巴南氏族人

古時候的人「趕鬼」（Mapudan qanitu），把豬肉切得很細很細，用

竹串起來，拿起竹串的豬肉，從家裡趕鬼，說著：「鬼靈呀！這裡有肉，這是給你饗食的，來呀！來吧！」

家長引誘鬼靈走出屋外，繼續誘引至社外，把竹串祭肉插立於地上，祈禱說：「鬼靈呀！我已經用肉祭饗您了，請您離開村社，永遠不要再回來。」家長和從祭者做完了趕鬼儀式就可以回家了。據說舉行了趕鬼儀式後，家內的空氣就會顯得清靜多了，生活也較有活力。

本則是布農族人古時候「趕鬼」的儀式，用竹串祭肉把鬼引誘至部落外，這樣就完成「趕鬼」的儀式。

七十、古代布農族人的沐浴肥皂

採錄者：田哲益、全妙雲

採錄地點：南投縣信義鄉羅羅谷部落

採錄時間：2011 年 7 月 23 日

報導人：史宗源（Li-tu），郡社群‧達給斯迪巴南氏族人

以前布農族人沒有肥皂，但是沐浴時有數種替用品。其一是「Qabu」，就是燒木柴的「灰」，把灰包在較薄的布，用手擰一擰，瀝出

1|2

1. 傳說布農族人射下了一個太陽變成了月亮
2. 布農族人嗜菸

來的水就是乾淨的，就可以用來洗頭髮。

其二是「小米穗稈」（Nang-sa），即把小米粒用杵臼搗開，留下的小米穗稈，用火燒成灰，把灰包在較薄的布，用手摔一摔，瀝出來的水就可以用來洗頭髮。

其三是「Da-qu」（即無患子），揉搓會產生泡沫，可以洗頭、洗身體、洗衣服等。

本則是古代布農族人用以衛生沐浴的肥皂替用品的故事。

七一、羅羅谷部落達給斯迪巴南氏族遷徙史

採錄者：田哲益、全妙雲

採錄地點：南投縣信義鄉羅羅谷部落

採錄時間：2011年7月23日

報導人：史宗源（Li-tu），郡社群‧達給斯迪巴南氏族人

羅羅谷部落郡社群「達給斯迪巴南」（Takis-ti-banan）氏族的祖先遷徙歷史，據史宗源（Li-tu）報導，他們的祖先原先居住在中央山脈舊社叫做「Asang-sai」的地方，日治時期先遷徙羅羅谷部落的「Dan-tivula」地方，再遷徙至本部落「Kas-tingan」地方，後又遷徙本部落主聚落至今。當時同是郡社群的「伊斯巴拉幹」（Is-pa-lakan）氏族也居住在「Kas-tingan」地方。

本則故事是敘述羅羅谷部落郡社群「達給斯迪巴南」和「伊斯巴

拉幹」氏族的遷徙史。日治時期，巒社群人集團移住時，郡社群人從
「Dan-tivula」遷徙到「Kas-tingan」地方。則羅羅谷部落最先自中央山脈
舊社遷徙者是郡社群人。

七二、阿麗女巫師

採錄者：田哲益、全妙雲

採錄地點：南投縣信義鄉羅羅谷部落

採錄時間：2011 年 7 月 23 日

報導人：史宗源（Li-tu），郡社群‧達給斯迪巴南氏族人

....

　　Ali（阿麗）巫師是日治時代羅羅谷部落的女性巫師，「達納畢馬」
氏族人，她是一位專門治病的巫師。

　　她以茅草為法器治病，會先把脈，知道了病痛在何處，就用
「Ngan」（一種禾本植物的草根）以口咀嚼，塗抹於病患的疼痛處，據說
鬼畏懼「Ngan」。之後用嘴就著茅草在病患的疼痛處吸吮，從體內吸出
「Qai-za」（體內的穢物，據說有針、刺、竹、鐵、樹根等致病物），巫師
會把體內的穢物顯示給病患看，過不久，病患就痊癒了。

　　本則是敘述羅羅谷部落日治時的女巫師 Ali（阿麗）的治病法術。

七三、伊布女巫師

採錄者：田哲益、全妙雲
採錄地點：南投縣信義鄉羅羅谷部落
採錄時間：2011年7月23日
報導人：史宗源（Li-tu），郡社群‧達給斯迪巴南氏族人

....

　　日治時代，達瑪巒部落有一位女性巫師，她的名字叫做「I-bu」（伊布），她經常被人邀請來治病。報導人史宗源（Li-tu）的妻子叫做A-ping（阿並）曾患病，就請I-bu巫師施法治病。

　　看完病後，I-bu巫師就會要求酬禮，她到廚房東看看、西看看，看到一具Kan-hu（為銅鍋，上山狩獵時獵人喜歡攜帶它用以煮食，但後來才發現銅製的鍋子具有毒性），I-bu巫師用手指示以Kan-hu（甘互）為酬禮；又到雞舍看看，也以手指示一隻大公雞做為酬禮。巫師指示的酬禮，求助者是一定會答應的。以前沒有錢幣，都是以器物或糧食、山獸肉做為酬禮孝敬巫師。

　　本則是敘述「I-bu」（伊布）女巫師治病的情形。女巫師要求酬禮，敘述很傳神，也很可愛。

七四、布農族的射耳祭

採錄者：田哲益、全妙雲

採錄地點：南投縣信義鄉羅羅谷部落

採錄時間：2011年7月23日

報導人：史宗源（Li-tu），郡社群‧達給斯迪巴南氏族人

....

　　每年4、5月間舉行的射耳祭典，要烤很多的野獸肉，因此獵團紛紛上山狩獵，把獵獲的獸肉燻乾儲藏。到了舉行祭日，所有的烤肉全部要拿出來集中在一起。

　　古代人每逢射耳祭，每個人都很高興，因為有很多烤肉可以吃，而且全聚落集中起來的烤肉要全部吃完，大家都飽餐一頓，非常過癮。

　　射耳祭最主要的行事是「射鹿耳」，由大人手握小孩的手幫忙舉箭射擊（距離約1米）；大人則是用火槍射擊鹿耳（距離約6、70米）。

　　布農族最大的祭典是「射耳祭」（Manaq-tainga），有些學者稱為「鹿耳祭」。射耳祭儀非常繁複，是以男子為主角的祭儀。

七五、日治時部落的公共澡堂

採錄者：田哲益、全妙雲

採錄地點：南投縣信義鄉羅羅谷部落

採錄時間：2011年7月23日

報導人：史宗源（Li-tu），郡社群‧達給斯迪巴南氏族人

....

古代布農族人的住屋，沒有設置衛浴設備，族人並不像現代天天沐浴，他們偶爾會到溪流邊或水源地沐浴和洗衣服。

日治時代，為改善族人的衛生習慣，每個部落都會設置公共澡堂，到了下午，族人便開始每一家輪流燒柴沐浴。在羅羅谷部落的公共澡堂，位在現今伍阿美（Malas）開商店的地方。

日本人除了設置公共澡堂外，還發給每一家蚊帳，要求每一家都要掛蚊帳。在豐丘部落（Salitung）筆者田哲益的舅舅全有明（Qalilu）和後來成為牧師的全所哲（Bi-az），年少時，有一次他們兩個人一起睡覺，日警突襲檢查，他們因為沒有掛蚊帳，還被痛揍了一頓呢！可見日本人對於原住民的衛生教育非常嚴格。

本則是日治時代推行衛生教育的情況，在部落裡設置澡堂，是部落族人沐浴的公共設施；晚上睡覺要掛蚊帳，以免被蚊子叮咬而生病。當時可怕的瘧疾病流行，突擊檢查沒有掛蚊帳睡覺者，不管是大人或小孩，要接受處罰挨打、罰站等。

七六、布農族神聖的米倉

採錄者：田哲益、全妙雲

採錄地點：南投縣信義鄉羅羅谷部落

採錄時間：2011年7月23日

報導人：史宗源（Li-tu），郡社群・達給斯迪巴南氏族人

....

「米倉」（Lai-paz）是布農族住屋裡最神聖的地方，任何人都不得進入，只有老祖父、老祖母，才能夠進去取米，媳婦要搗米煮飯時也不

可以進入取米，這是禁忌。尤其是小孩子更是嚴禁入內，因為米倉內放置有農耕用的祭祀法器，叫做「Laq-laq」（拉克拉克），平時是不得觸摸的，尤其最怕小孩子摸觸。

布農族的米倉是「列管」（Asa-muan）的，只有特定的人才能夠出入，媳婦為什麼不得進入，因為怕她會把米偷出來拿給她的娘家，所以禁止自行取米。

布農族人每天早上都固定由特定的人（大多為家長）進入倉庫，把今天三餐要吃的米拿出來交給媳婦，媳婦每天早上要搗米，日復一日，是每天固定的例行工作。

布農族的米倉設置是一層一層的，用木板隔層，把米堆疊在上面，小米滿倉室，就是財產與富足的象徵。

本則故事是敘述布農族人神聖的穀倉，除了特定的人可以進出外，任何人一律禁止。古代沒有碾米機，須每天搗米，所以做媳婦的很辛苦，每天要去汲水，也要織全家大小的衣服，上田耕作、採集野菜等，真是令人尊敬與激賞。

七七、住屋設置逃命石牆

採錄者：田哲益、全妙雲
採錄地點：南投縣信義鄉羅羅谷部落
採錄時間：2011年7月24日
報導人：全萬春（Ti-iang），巒社群・索各魯曼氏族人

古代族人的住屋，有些有設置迂迴的「石牆」(Pen-sul)，這種用石頭築起的石牆，是逃難用的圍牆，萬一被敵人襲擊，就可以沿著圍牆逃命。

本則敘述布農族的石板屋，另有「石牆」的設置，其作用是遭遇被敵人襲擊逃命之用。

七八、出草的故事

採錄者：田哲益、全妙雲
採錄地點：南投縣信義鄉羅羅谷部落
採錄時間：2011年7月24日
報導人：全萬春(Ti-iang)，巒社群‧索各魯曼氏族人

以前的人過著心驚膽顫的生活，因為隨時都會有被敵人出草(Makavas)的危險，連晚上睡覺都不安穩，晚間家屋的爐火也盡量不外洩。在家屋邊的草叢、山田工作的道路，隨時有敵人等候著準備出草。

以前出草，要把被殺者的首級砍下來帶回家，小孩子則拋上天用刀刺死。據說被出草的首級還會吹口哨，這可能是誇大之辭。

出草隊伍回到家會慶祝出草成功，並且用頭顱喝酒。以前人的住家有頭顱架，放置著許多敵人的頭顱。過去埋葬死者在家屋內，後來才埋葬在室外，但是也不能夠遠離住屋很遠，以免被敵人盜挖墳墓，把首級取走，謊稱是出草獲得的首級。

古代台灣原住民各族(除了蘭嶼島的達悟族)含平埔族，都會互相

出草馘首，即連布農族各社群（尤其是巒社群和郡社群）或不同部落，也有這種活動。後來又增加了漢族人和日本人，使得族人終年都為生命安全而積極防衛與自保，能夠維繫綿延下來，真是太不容易了，由此向數百、數千年來的生命鬥士致敬。

七九、激烈的搶婚

採錄者：田哲益、全妙雲

採錄地點：南投縣信義鄉羅羅谷部落

採錄時間：2011年7月24日

報導人：全萬春（Ti-iang），巒社群・索各魯曼氏族人

以前的人採取「搶婚」（Mun-taban）制度，男方派了數十位壯碩有力的人，隨機至女方家搶奪女子，最好是趁沒有男丁在家的時候，最容易搶奪成功。

有一男子用肩挑女子拚命跑回家，其餘壯丁則盡力阻止女方家屬追來把女子搶奪回去，形成互相拉扯的拉鋸搶奪戰，往往爭奪得你死我活，非常激烈。

搶奪肩挑女子的男子，要忍受苦痛，因為被搶的女子也會拚命掙脫，用嘴咬男子以防禦，因此把女子肩挑過男子的家門檻（Dung-av），就算是搶婚成功了，女方家就不得有異議了。

本則故事敘述古代布農族人搶婚的激烈情況。當然，如果女子想嫁或喜歡對方男子，就很容易「搶」了。有時候女子還自己跟著跑回男子

的家，還真是有趣。

八十、星星接近月亮凶耗之象

採錄者：田哲益、全妙雲
採錄地點：南投縣信義鄉羅羅谷部落
採錄時間：2011年7月24日
報導人：全萬春（Ti-iang），巒社群・索各魯曼氏族人

⋯⋯⋯⋯⋯⋯⋯⋯⋯⋯⋯⋯⋯⋯⋯⋯⋯⋯⋯⋯⋯⋯⋯⋯⋯⋯⋯⋯

　　皎潔明亮的夜空，星星、月亮各安其位，但是有時候會有一顆星星接近月亮，古代人便認為會在某個部落發生意外事件，是一種徵兆。

　　這是一則布農族人「星占」的故事，已經過世的報導人全萬春，自己做了數十年的觀察。

八一、狼卡斯星

採錄者：田哲益、全妙雲
採錄地點：南投縣信義鄉羅羅谷部落
採錄時間：2011年7月24日
報導人：全萬春（Ti-iang），巒社群・索各魯曼氏族人

⋯⋯⋯⋯⋯⋯⋯⋯⋯⋯⋯⋯⋯⋯⋯⋯⋯⋯⋯⋯⋯⋯⋯⋯⋯⋯⋯⋯

　　「Lang-kas」（狼卡斯）星是一個非常火紅且閃亮的星星，較一般的星星為大。古人傳說如果天上的「狼卡斯」星，飛也似的飛到某個地

方，則這個地方一定會發生災難。

古今中外都有「占星術」，古代布農族的巫師和祭司（專門看天候氣象）都有一套占星術的學問，只是沒有繼續傳承下來，占星術就消失無蹤，無人問詢。

本則與上則一樣，都是屬於「占星術」的故事。祭司是古代布農族專門看星象的人，他的祭祀曆就是根據月亮的陰晴圓缺而定的。所以古代布農族人才能夠有一定的週期從事農作耕耘之事和舉行各種宗教祭儀。非常有規律，絲毫不紊。

八二、布農族氏族的分化

採錄者：田哲益、全妙雲

採錄地點：南投縣信義鄉羅羅谷部落

採錄時間：2011年7月24日

報導人：全萬春（Ti-iang），巒社群・索各魯曼氏族人

布農族人以前是住在「La-mungan」（拉蒙岸）平原的，大約在現今的南投、集集、竹山等地，為了追逐野獸，深入了中央山脈崇山峻嶺，再由此分散到高雄、台東、花蓮等地。

布農族的氏族原來是很單純的，後來又支分許多亞氏族，氏族則是由數個亞氏族所組成。例如：「索各魯曼」氏族就支分為「馬迪卡蘭」（Madik-lan）亞氏族、「滿蘇努士」（Man-sunus）亞氏族、「索克魯曼達贏」（Suq-luman daing）亞氏族、「索克魯曼迪給斯」（Suq-luman tikis）

亞氏族等。有依住地、地形或事蹟典故命名者，布農族人稱為「Pati-nais」（巴帝耐斯）。

這是布農族「來源說」和「氏族」支分「亞氏族」的故事，並以巒社群「索各魯曼」氏族為例敘說。

八三、羅羅谷部落遷徙故事

採錄者：田哲益、全妙雲
採錄地點：南投縣信義鄉羅羅谷部落
採錄時間：2011 年 7 月 24 日
報導人：全萬春（Ti-iang），巒社群・索各魯曼氏族人

日治時，中央山脈舊社的布農族人被日本人強迫遷徙，羅羅谷部落分為兩批遷徙，第一批遷徙的人都是較為聽話配合者，他們不願意與日本人作對。另有一些人仍然懷念舊社的住屋、田園等，所以不願意離開，但是到了後來，日本人用了更強硬的手段逼迫族人遷徙，強硬不聽者，放一把火燒其房子，最後族人只得搬遷下山了。

羅羅谷部落是原居住在中央山脈「Asang-sai」（阿桑賽）舊社的郡社群人先遷徙過來（日治時期首先發動郡社群人集團移住），他們先居住在「丹迪夫辣」（Dan-tivula）。數年後才全面發動丹社、卡社、巒社、卓社等，全面集團移住，並用最強烈的手段逼迫遷徙。

八四、禁忌指彩虹

採錄者：田哲益、全妙雲

採錄地點：南投縣信義鄉羅羅谷部落

採錄時間：2011年7月24日

報導人：全萬春（Ti-iang），巒社群‧索各魯曼氏族人

....

　　古人禁忌以手「指」（Mapatnu）天上的彩虹，彩虹是一種 Pa-qais（把該斯）的意思，「Pa-qais」（把該斯）意即「界線」、「分隔」。

　　久雨不晴，天空上在某地出現了彩虹，就是以該地為界限，也就是該地區（從出現彩虹處到人們的觀察處）即將晴朗了，大家就會現出笑容。

　　傳說古代人不能用手「指」彩虹，因為彩虹很害羞，若「指」她，她馬上就會躲起來，那麼這個地區就又會下起雨來了。

　　本則故事敘述古代布農族人咸信久雨不晴，天空出現了彩虹，就表示天候要放晴了，可以開始從事農作。因為「彩虹」是帶來「陽光」的徵象，所以很尊敬並禁忌用手「指」。

八五、達給斯凱方岸氏族三兄弟的故事

採錄者：田哲益、全妙雲

採錄地點：南投縣信義鄉羅羅谷部落

採錄時間：2011年8月27日

報導人：全萬春（Ti-iang），巒社群‧索各魯曼氏族人

....

「達給斯凱方岸」氏族有三個亞氏族:「達給斯凱方岸」(Takes-qaivangan)亞氏族、「阿迪媽南」(Adi-manan)亞氏族、「滿術奴士」(Man-sunus)亞氏族。傳說「達給斯凱方岸」氏族的三個亞氏族,從前是同一個父母所生,老大叫做 U-mas(烏馬斯),就是滿數奴術亞氏族的祖先,老二叫做 Qai-vang(凱放),就是達給斯凱方岸亞氏族的祖先,老三叫做 Di-man(迪曼),就是「阿迪媽南」亞氏族的祖先。

本則是「達給斯凱方岸」氏族及其亞氏族的傳說故事。

八六、索格魯曼氏族的故事

採錄者:田哲益、全妙雲

採錄地點:南投縣信義鄉羅羅谷部落

採錄時間:2011年8月27日

報導人:全萬春(Ti-iang),巒社群・索各魯曼氏族人

....

「索格魯曼」氏族(Suq-luman)是巒社群一大氏族,包括三大亞氏族(索格魯曼亞氏族、達斯凱方岸亞氏族、達給呼南亞氏族)和十餘個小氏族所組成的聯合氏族。據報導人說,「索格魯曼」氏族的三大亞氏族都是從「伊星夠南」小氏族分支而來,後來「索格魯曼」氏族強大起來,變成了大氏族,「伊星夠南」(Ising-kaunan)則成了「索格魯曼」氏族的小氏族。

「索格魯曼」氏族是布農族五大社群中最大的氏族,成其「最大」

的原因，是因為它聯合了「達斯凱方岸」（Tas-qaivangan）和「達給呼南」（Taqe-hungan）而成「聯合」氏族。以信義鄉為例，戰後全部都賜姓「全」（只有羅羅谷部落一家例外姓「史」），其實這三個氏族沒有血緣關係，是共同防禦的「聯合」關係，也是「比擬家族」的關係。

羅羅谷部落主聚落
地名傳說與典故

第十一章

「**羅**羅谷」有兩個聚落:「羅羅谷」部落和「洽坡石」部落。「羅羅谷」部落一般人的稱呼有兩種:「羅羅構」(Lu-lu-qu)與「蘭論」(Lan-lun);中文名「人和」與「人倫」,兩者皆並存流行。

「羅羅谷」部落位於濁水溪上游南岸卓昆溪河階上,海拔約340-360米之間。

一、羅羅構

本部落目前現址的地名是「羅羅構」(Lu-lu-qu),「羅羅構」的原始所在地址是在現今稱為「Kai-sa」(該薩)的地方。因為本地名名聲較為陳有蘭溪畔布農族人所熟悉,故以此命名。本部落族人以「羅羅谷」、「羅羅閣」翻譯此地,其中目前以「羅羅谷」較為流行。

「lu-qu」(羅構)布農語是「豆豉」之意,傳說先民遷移到本部落的時候,見有許多豆豉之植物,故以「豆豉」(lu-qu)名部落,則本部落命名法屬於「植物名型」,亦為「食物名型」。

二、蘭論

本部落現址的地名也稱為「蘭論」(Lan-lun),中文譯為「人倫」。早期《走入布農的世界》(田哲益著),以為「Lan-lun」是「山椒」,現在發現應該是「山豬肉樹」,特此更正。「山豬肉」,喬木,在台灣北、中部低海拔地區可以見到。6-7月間為花期盛開,花生莖頂,多且密。奇數羽狀複葉,幼時呈豬肝色,羽軸豬肝色或略淡;成熟小葉革質,長橢圓披針形,通常刺狀鋸齒緣。則本部落這個命名法屬於「植物名型」。

「蘭論」的原始所在地址是在現今稱為「Tu-qun」（多肯）的地方，日治時期，「Tu-qun」是日警派出所、日本小學校設立的地方，此地方因有「蘭論」這種樹，因以「樹」名稱此地。後來日警派出所、學校等自「Tu-qun」遷移現在部落現址，仍沿襲「蘭論」（Lan-lun）之名至今。

三、羅羅谷部落的中文名

「羅羅谷」部落與「洽波石」（簡稱坡石）部落稱為「人和」村，「羅羅谷」部落稱為「人倫」（乃從「蘭論」音譯的中文）。

信義鄉濁水溪畔上游雙龍村（迪巴恩部落）、地利村（達瑪巒部落）、潭南村（馬拉飛部落）、人和村（羅羅谷部落）等四村，當時或取「天時、地利、人和」之意，不過並沒有造出「天時」村。戰後初期，台灣地名命名法多政治意味濃厚。

四、洽波石部落（2018 年 2 月 27 日，採錄者田興光，族語名 Lauvi，Tastupasan 氏族人）

「洽波石」部落稱「Qapuciu」，「洽波石」部落較小，但是也有八個農耕地地名：

（一）「Tansiki」（丹西給），「Siki」是邊緣，「Tansiki」意即部落邊緣的農耕地。則本農耕地命名法屬於「方位名型」。

（二）「Padan-daingaz」（巴丹待納日），「Padan」是茅草，「Daingaz」是繁盛貌。「巴丹待納日」語意是「在那茅草繁盛之地」的耕地。則本農耕地命名法屬於「植物名型」。

（三）「Balinsing」（巴林杏），「巴林杏」是樹名，紅果，可食，酸酸的。
則本農耕地命名法屬於「植物名型」，亦為「食物名型」。

（四）「紅固」（Hungku），指溪谷、波石野溪的農耕地，則本農耕地命名
法屬於「自然名型」。

（五）「該木斯」（Qaimus），「該木斯」是樹，其根可食，做為香料。則本
農耕地命名法屬於「植物名型」，亦為「食物名型」。

（六）「杉航」（San-hang），位於濁水溪邊，每當颱風季節，上游流下來
的漂流木，會在這兒聚集，族人就會到此取木柴，作為煮食的柴
火。則本農耕地命名法屬於「植物名型」。

（七）「Qai-zuzut」（該如入的），位於濁水溪邊，「該如入的」意即漩渦，
以前這裡想必是有漩渦，則此地命名法屬於「形象名型」。

（八）「蘇羊」（Su-iang），不明其農耕地之命名法。

羅羅谷部落農耕地
地名傳說與典故

第十二章

本部落農耕地地名創名甚多，意即羅羅谷部落族人將部落周邊的地域，區分更細密。

據調查有：Kai-sa（該薩）、Ling-ki（鈴給）、Ma-hiv-hi-van（馬海夫海夫梵）、Sa-bung（撒迸）、Ba-li-kuan（巴利關）、Dan-ti-vu-la（丹迪夫辣）、Santa-naman ti-vu-la（山達拿曼 - 迪夫辣）、Ma-su-da-kus（馬蘇達庫斯）、Tan-si-ki（丹西給）、Qa-ti-bung（卡迪蹦）、Ma-taq（馬達克）、Pu-nal（卜納爾）、Haul-daing（好爾達映）、Haul-di-kis（好爾迪給斯）、Tung-ku（東固）、Tan-ha-pav（丹哈霸夫）、Hung-ku（宏固）、Tu-qun（多肯）、Ma-su-qu-bi-az（馬索各比阿日）、Kas-tingan（卡斯丁岸）、Ba-hu1（巴互爾）、Ma-duk-duk（馬都克都克）、Tung-tungan（東東岸）、Bu-nul（卜怒爾）、Ma-vaq-vaq（馬法喀法喀）、Ma-su-vangal（馬蘇方爾）、Qa-tas laung（卡達斯郎恩）、Qa-van（卡泛）、Su-zuk su-zuk（蘇入克蘇入克）、Pan-qai-li（班該利），Ma-duq-duq（馬都克都克）等三十餘個農耕地地名。

一、該薩

此農地在日治時代主要種植甘蔗，並且有小型糖廠，因此族人稱這個地區為 Kai-sa（該薩）。Kai-sa 是日本語「公司」的意思，亦即糖廠所在的地方。Kai-sa，此地名屬於「器物名型」（建築物）。

據田阿笑（Vungaz）耆老報導，日治時代，工廠把甘蔗製作成糖，會分送給每一家戶族人吃。

二、鈴給

這個農地，因為以前種植很多龍眼（Ling-ki），因此族人就稱呼此地為 Ling-ki（鈴給）。Ling-ki 是布農語「龍眼」之意。則本地命名法屬於

「植物名型」，亦為「食物名型」。

三、馬海夫海夫梵

　　這個農地，因為是「多風」的地方，族人常在此休息乘涼吹風，因此族人就稱呼此地為 Ma-hiv-hi-van（馬海夫海夫梵）。

　　「Ma-hiv-hiv」布農語意是「多風」，Ma-hiv-hi-van 是「多風的地方」。「多風」是屬於意識的範疇，則此地名屬於「意識名型」（感覺名型）。

四、撒迸

　　這個農地位於人和國小的下方，因為靠近墳墓，因此族人就稱呼此地為 Sa-bung（撒迸）。

　　Sa-bung（撒迸）布農語意是「墳墓」，意指有墳墓地的農耕地。此地名屬於「形象名型」（視覺名型）。

五、巴利關

　　Ba-li-kuan（巴利關），這個地方位於已經被拆除了的人倫吊橋（曾經是人倫部落唯一對外交通的吊橋）附近。人倫吊橋及其附近龍神橋，都稱為巴利關，不明「巴利關」的地名命名法。

六、丹迪夫辣

　　從前有一條路，據說曾經是鄒族人出草布農族人的路徑，因此族人稱呼此地為 Dan-ti-vu-la（丹迪夫辣）。

　　Dan 布農語意是「路」，「Ti-vu-la」是「鄒族」，「Dan-ti-vu-la」意

即「鄒族的路」，意思就是「鄒族人出草布農族人的路」，則本地名屬於「典故名型」（故事名型）。

七、山達拿曼‐迪夫辣

傳說久美部落的鄒族人出草羅羅谷部落的布農族，布農族「囊阿福蘭」氏族人被馘首，被「達西烏拉彎」氏族人發現，就從 Santa-naman ti-vu-la（山達拿曼‐迪夫辣）這個地方遙射馘首的鄒族人，一箭射中拿著頭顱的鄒族人的頭部，並且迅速追趕上，把被馘首的「囊阿福蘭」氏族人的頭顱搶回。

「Santa-nam」是「瞄準」之意，「Ti-vu-la」是「鄒族」，「Santa-naman ti-vu-la」是「瞄準鄒族人的地方」。

八、馬蘇達庫斯

這個農地，因為種植很多杉木，所以稱為 Ma-su-da-kus（馬蘇達庫斯）。「Da-kus」（達庫斯）是「杉木」之意，即這裡生長很多杉木，則本地名屬於「植物名型」。

九、丹西給

傳說布農族人還居住在中央山脈深山舊社的時候，會到集集鎮與漢族人或日本人從事山產貿易經濟交易，他們會以 Tan-si-ki（丹西給）此地做為宿夜的落腳處。

Si-ki（西給）為「邊」、「旁邊」、「邊緣」之意，亦即羅羅谷部落邊緣之地，則本地名屬於「方位名型」。

十、卡迪蹦

　　這個農地，傳說以前生長有許多「香茅草」，所以稱為 Qa-ti-bung（卡迪蹦）。Qa-ti-bung（卡迪蹦）是指「香茅草」，則本地名屬於「植物名型」。

十一、馬達克

　　這個農地，傳說以前是一個「泥濘地」，所以稱為 Ma-taq（馬達克）。「Taq」（達克）是「泥巴」之意，Ma-taq（馬達克）意即「泥濘之地」。

　　本地為眼所見「泥濘之地」，則本地名屬於「形象名型」或「視覺名型」。

十二、卜納爾

　　這個農地是沖積地，Pu-nal（卜納爾）是「沖積地」之意，則本地名屬於「形象名型」。

十三、好爾達映

　　這個農地位於部落的下方，因此稱為 Haul-daing（好爾達映）。Haul（好爾）是「下方」之意，「達映」（daing）是「大」、「很」、「甚」之意。「Haul-daing」（好爾達映）是「很下方」之意。則本地名屬於「方位名型」。

1｜2

1. 布農族獵人揹負獵物
2. 捕抓老鼠、小鳥的石頭重壓陷阱

十四、好爾迪給斯

　　這個農地位於部落的下方，因此稱為 Haul-di-kis（好爾迪給斯）。「Haul」（好爾）是「下方」之意，「迪給斯」（di-kis）是「小」，「Haul-di-kis」（好爾迪給斯）是「稍下方」之意，意即「部落稍下方」的農耕地，則本地名屬於「方位名型」。

十五、東固

　　這個農地位於部落的高聳之地，因此稱為 Tung-ku（東固）。「Tung-ku」（東固）是「高聳」、「高頂」、「高處」之意，意即「在高聳處」的農地，則本地名屬於「方位名型」。

　　「東固」是族人自舊社遷徙至本部落最早建立的散社，因此後山（Ta-ki-tang-ki-nuz）花蓮的布農族人也稱呼本部落的人為「Ta-ki-tung-ku」（達給東固），意即「住在東固地方的人」。

十六、丹哈霸夫

　　這個農地位於部落的近處山坡上，「Ha-pav」（哈霸夫）是「露出在上的」，「Tan-ha-pav」（丹哈霸夫）是「頂部」，意即「在部落上方」的農地，則本地名屬於「方位名型」。現在這裡已有數戶人家蓋房屋居住。

十七、紅固

　　這個農地位於部落的下緣，因此稱為 Hung-ku（紅固）。「紅固」為「下緣」之意。則本地名屬於「方位名型」。

十八、多肯

此農地位於卓崑溪下游，日治時期原為日本小學校、運動場、派出所、衛生室所在地，因此古代後山（Ta-ki-tang-ki-nuz）花蓮的布農族人稱呼本部落的人為「達給多肯」（Ta-ki-tu-qun），意即「住在多肯的人」。後來稱「Tu-qun」（多肯），即為「Lang-lun」（蘭論）。

其後日本人把學校、運動場、派出所、衛生室等設施遷移至目前部落的現址，周邊數十餘散社才開始漸漸地遷移本部落現址定居，並且以Tu-qun（多肯）之 Lang-lun（蘭論）名命名現在所居住的部落現址。

「Tu-qun」（多肯）布農語的意思是「多枯木的地方」，則本農地名屬於「植物名型」，亦為「形象名型」（視覺名型）。

十九、馬索各比阿日

此農地因多「Ma-su-qu-bi-az」（馬索各比阿日）樹，故名。則本農地名屬於「植物名型」。

二十、卡斯丁岸

此農地傳說有一處地方用腳踩腳，會發出聲響，故名「Kas-tingan」（卡斯丁岸），意即「發出聲響」的地方。聽到聲音屬於意識範疇，則本農地名屬於「意識名型」（感覺名型或聽覺名型）。

二一、巴互爾

此農地多「Ba-hu1」（巴互爾）樹，故名。則本農地名屬於「植物名型」。

二二、馬都克都克

此農地多泥濘沼澤，故名。「Duq-duq」（都克都克）為「泥濘沼澤地」，「Ma-duq-duq」（馬都克都克）意即「滿布泥濘沼澤地」的農地，則本農地名屬於「形象名型」（視覺名型）。

二三、東東岸

此農地有一處地方，敲擊東西的時候，會有迴響，因此稱為「Tung-tungan」（東東岸）。「Tung-tung」（東東）是「敲擊」、「打擊」之意，「Tung-tungan」（東東岸）是「敲擊有迴響的地方」的農地。敲擊東西、聽到迴響屬於意識範疇，則本農地名屬於「意識名型」（或感覺名型）。

二四、卜怒爾

傳說此農地以前有很多野豬，有一處地方是野豬遊憩的泥濘沼澤地，因此稱為「Bu-nul」（卜怒爾）。「卜怒爾」即「泥濘沼澤地」，則本地名屬於「形象名型」。

二五、馬法喀法喀

「Vaq-vaq」是動物的「下巴」，「Ma-vaq-vaq」意即「貌似下巴」的農地，則本地名屬於「形象名型」。

布農族人傳統遊戲「鞭陀螺」

二六、馬蘇方爾

不明其「馬蘇方爾」（Ma-su-vangal）農地命名之典故。

童玩竹槍

二七、卡達斯老恩

「Qa-tas laung」（卡達斯老恩）「Qa-tas」之意有二：「大石頭」及「男性生殖器」，是雙關語。本地名之典故：傳說本部落有一個叫做 Laung（老恩）的人，被濁水溪流走，全部落的人遍尋不著，結果在濁水溪中的大石頭上找到他的生殖器官，所以稱此地為「Qa-tas laung」（卡達斯老恩），意即「大石頭上的生殖器」。

本地之命名法屬於「礦物名型」與「身體器官名型」。

二八、卡泛

此地曾經是「囊阿福蘭」（Nang-a-vu-lan）氏族的居住地。不明其「Qa-van」（卡泛）地名命名法。

二九、蘇入克蘇入克

「Su-zuk su-zuk」是「鐘乳石」，這個農地有「鐘乳石」，故名。則本農地命名法屬於「礦物名型」。

三十、班該利

不明其「Pan-qai-li」（班該利）農地命名典故。

三一、安巴拉頓

不明其農地「An-ba-latun」（安巴拉頓）命名典故。「An-ba-lat」（安巴拉的）有「橫向」、「橫向的」、「橫向切入」之意，「An-ba-latun」是否意為「被橫切」之農地，不得而知。

國家圖書館出版品預行編目資料

布農族四社神話與傳說：濁水溪上游祕境傳說／田哲益
（達西烏拉彎‧畢馬），全妙雲（達給斯海方岸‧娃莉絲）
著 .-- 初版 .-- 臺中市：晨星，2020.02
　面；　公分 .--（台灣原住民；65）
ISBN　978-986-443-970-6（平裝）

1. 布農族　2. 神話　3. 文化研究
536.333　　　　　　　　　　　　　　108022766

線上讀者回函，
加入馬上有好康。

台灣原住民 065
布農族四社神話與傳說：濁水溪上游祕境傳說

作　　　者	田哲益（達西烏拉彎‧畢馬）、全妙雲（達給斯海方岸‧娃莉絲）
主　　編	徐惠雅
執 行 主 編	胡文青
校　　對	田哲益、陳育茹、胡文青
美 術 設 計	李岱玲
封 面 設 計	陳正桓

創　辦　人	陳銘民
發　行　所	晨星出版有限公司
	台中市 407 工業區 30 路 1 號
	TEL：04-23595820　FAX：04-23597123
	E-mail：service@morningstar.com.tw
	http://www.morningstar.com.tw
	行政院新聞局局版台業字第 2500 號
法 律 顧 問	陳思成律師
初　　版	西元 2020 年 02 月 05 日
劃 撥 帳 號	22326758（晨星出版有限公司）
讀 者 專 線	04-23595819#230

印　　刷	上好印刷股份有限公司

總 經 銷	知己圖書股份有限公司
	台北　台北市 106 辛亥路一段 30 號 9 樓
	TEL：（02）23672044／23672047
	FAX：（02）23635741
	台中　台中市 407 工業 30 路 1 號
	TEL：（04）23595819　FAX：（04）23595493
E - m a i l	service@morningstar.com.tw
網 路 書 店	http://www.morningstar.com.tw
郵 政 劃 撥	15060393
戶　　名	知己圖書股份有限公司

定價 380 元
（如有缺頁或破損，請寄回更換）
ISBN：978-986-443-970-6
Published by Morning Star Publishing Inc.
Printed in Taiwan